LETTRE AU PRÉSIDENT DES FRANÇAIS À PROPOS DE LA CÔTE D'IVOIRE ET DE L'AFRIQUE EN GÉNÉRAL

DU MÊME AUTEUR

Le Viol de l'imaginaire, Paris, Fayard, 2002.
L'Étau. L'Afrique dans un monde sans frontières, Arles, Actes Sud, 1999, rééd. 2001.
Mille tisserands en quête de futur, Bamako, EDIM, 1999.

Aminata Traoré

Lettre au Président des Français à propos de la Côte d'Ivoire et de l'Afrique en général

Fayard

La guerre et la paix renvoient l'une au sang, l'autre au lait. Préserver la vie consiste pour les humains à garder le sang qui coule dans leurs veines et à partager le lait. Puisse la guerre épargner enfin les enfants d'Afrique et la paix véritable leur garantir, à jamais, leur part de lait et d'amour.

Bintou SIDIBÉ, ma mère.

Paris n'a jamais cessé de penser sa politique africaine comme un simple instrument au service de sa politique de puissance.

Jean-François BAYART.

En définitive, la France et nous, c'est une affaire de collé-collé.

Maurice BANDAMA.

Vivre debout

Le « Non » irait comme un gant à l'Afrique noire, Monsieur le Président de la République française, s'il nous était donné à nous, peuples de vos anciennes colonies, de nous prononcer sur la nature et les desseins de l'Europe. Je sais que le simple fait d'établir un tel lien entre l'Occident, qui a le vent en poupe, et une Afrique en état de déliquescence peut paraître saugrenu.

Quelle communauté d'intérêts et de destin peut-il y avoir entre la France, dont l'agriculture est la première d'Europe et qui possède TotalFinaElf, Renault, Alcatel, France Telecom, Axa, EDF, Bouygues..., et une Afrique noire dont le nom rime désormais avec misère, sida, famine, coups d'État, guerres et émigration ? Membre du Conseil de sécurité de l'ONU, votre pays, qui possède la troisième armée d'Europe, est également capable d'infléchir, sur le plan diplomatique, la plupart des grandes décisions du monde. Pourquoi devrait-il donc traîner un tel boulet au pied, un héritage colonial encombrant à l'heure où, plus que par le passé, la compétitivité est le maître mot de sa puissance et de son rayonnement dans le monde ?

Savez-vous, Monsieur le Président, que la Côte d'Ivoire et le Togo en crise, comme le Mali, d'où je vous écris, ainsi que vos autres anciennes colonies d'Afrique noire où règne un calme apparent, se porteraient mieux si vous nous reconnaissiez, à nous aussi, le droit à davantage de clarté quant aux enjeux de la libéralisation économique, et le droit à l'initiative quant aux alternatives à explorer ? Le respect de ces droits que nous tardons nous-mêmes, Africains, à revendiquer est, à mon sens, fondamental, Monsieur le Président, si nous devons vivre tous ensemble, debout dans un monde ouvert, global et véritablement fraternel.

Je tiens de Tante Nana, l'une de ces griottes africaines dont les paroles vous marquent à jamais tant elles sont essentielles, l'idée selon laquelle une personne allongée occupe plus de place qu'une autre qui est debout, et que cette dernière posture est cependant celle qui justifie toutes les luttes. « Puisse le Tout-Puissant donner longue vie à nos enfants et une place debout », avait-elle coutume de dire en signe de bénédiction. Tante Nana doit être bien malheureuse dans l'au-delà, d'où elle regarde la mondialisation néolibérale opérer en maintenant l'Afrique à genoux. Pour avoir intériorisé l'idée qui veut que nous soyons totalement fautifs dans l'échec du processus qu'il est convenu d'appeler le développement, nous avons du mal à redresser la tête et l'échine et à vous regarder droit dans les yeux, vous, nations d'Occident, qui êtes si sûres de vos normes, de vos valeurs et de vos institutions.

Chaque crise, chaque guerre conforte cette image d'une Afrique qui a failli et qui ne doit s'en prendre qu'à elle-même. Une image moralement et politiquement insupportable pour moi, parce que source du mépris de nous-mêmes et de conflits internes comportant parfois les pires atrocités.

En tant que femme, je pense, Monsieur le Président, aux enfants soldats dont la situation tient d'abord à la falsification de l'information quant aux causes historiques et macro-économiques de nos maux. Je pense, bien entendu, aux femmes violées et massacrées.

« Comment éviter la guerre ? » est, dès lors, la question qui nous obsède en Afrique noire, Monsieur le Président, face à la multiplication des foyers de tensions et des conflits armés qui ruinent nos vies, nos biens ainsi que notre image à partir du moment où vous, les dirigeants occidentaux qui êtes maîtres chez vous et chez nous, ne reconnaissez pas et n'assumez pas votre part de responsabilité dans l'enlisement de notre continent.

« Plus jamais ça » est la réponse que vous avez apportée à la même question, après avoir enregistré les deux guerres les plus meurtrières du siècle dernier. Le plan Marshall vous a aidés à reconstruire. À présent, vous vous attelez à l'édification d'une Europe plus unie, prospère et solidaire. Nous nous en réjouissons pour vous.

« Et maintenant, combien de temps faudrait-il encore pour que les autres deviennent pacifistes à leur tour[1] ? » est la question que Sigmund Freud se posait déjà dans les années 1930, et que je lui emprunte, étant donné que votre quête de paix et de prospérité entre, avec la Constitution européenne, dans une phase décisive au moment où le pré carré français est en feu. Comment interpréter ces évolutions contraires (inverses ?) lorsque la France est omniprésente dans nos pays ? Faut-il croire que le « Plus jamais ça » que vous prônez comme réponse à la guerre et à la misère en Europe ne s'applique pas à la Côte d'Ivoire, au Togo et à vos autres anciennes colonies d'Afrique, qui ont pourtant mobilisé, lors des deux grandes guerres, quelque 390 000 des leurs dans la défense de la « mère patrie » ?

Je me refuse, Monsieur le Président, à dissocier la crise ivoirienne de celle du Togo, et toutes deux de la marche forcée de l'humanité vers un monde régi par le profit. Ces crises ne sont que les deux dernières expressions d'une même histoire d'occi-

1. Sigmund Freud, « Pourquoi la guerre », Correspondance avec Albert Einstein (juillet 1932), *Courrier de l'Unesco*, mars 1993.

dentalisation du monde par la force, au mépris du droit des peuples à une vie digne de ce nom.

Les tirailleurs sénégalais rêvaient eux aussi de paix et d'avenir pour leurs enfants, petits-enfants et arrière-petits-enfants. Ils pensaient qu'en libérant la France ils libéraient l'Afrique. Il n'en a rien été. Leur profond attachement à la France, leur foi en la patrie des droits de l'homme ont été payés en retour par l'oubli et le mépris, dès l'annonce de la victoire sur l'Allemagne nazie.

C'est ainsi que, en octobre 1944, 20 000 d'entre eux furent retirés du front, dépossédés de leurs uniformes, qui permirent d'habiller les maquisards français, avant d'être parqués dans des camps de réserve du midi de la France et évacués, pour certains, vers Thiaroye (Sénégal), où ils furent tués pour avoir revendiqué leur pécule[1]. La quasi-totalité des survivants et les descendants de ceux qui sont morts pour la France restent amers du fait du traitement discriminatoire dont ils sont victimes, en dépit de quelques efforts financiers récemment consentis pour réparer tant d'injustice.

Bien avant les tirailleurs sénégalais, des milliers d'Africains furent arrachés au continent noir dans le cadre de la traite négrière, que l'Occident se

1. Bakari Kamian, *Des tranchées de Verdun à l'église Saint-Bernard : 80 000 combattants maliens au secours de la France (1914-18 et 1939-45)*, Paris, Karthala, 2001.

garde, jusqu'à présent, de considérer comme un crime contre l'humanité.

En réalité, la France conquérante, qui voue un véritable culte à son propre passé, n'aime pas que les peuples qu'elle a assujettis évoquent l'histoire. « Tournons la page », entendons-nous, et de plus en plus au fur et à mesure que nous essayons de nous remémorer, dans un monde toujours plus ébranlé et injuste, les chemins par lesquels nous sommes passés pour être aujourd'hui à genoux.

N'en déplaise aux négationnistes de la mémoire noire, la situation actuelle de l'Afrique et de sa diaspora est inintelligible en dehors de la violence politique, militaire et symbolique de l'histoire qui a permis à vos pays de prendre le dessus. Cette violence se poursuit, Monsieur le Président, à travers la mondialisation néolibérale, d'une manière plus pernicieuse et d'autant plus difficile à combattre qu'elle se pare de mots d'espoir. Les manifestants togolais, en l'occurrence les femmes et les jeunes qui aspirent à la justice économique et sociale après trente-huit ans de dictature, se sont saisis des mots « légalité constitutionnelle », « élections libres », « transparentes », « équitables », « démocratiques », « propres »...

Nous avons tendance à oublier que les nations qui se sont partagé l'Afrique à la conférence de Berlin (1884-1885) sont, à l'exception de la Turquie, précisément celles qui sont à pied d'œuvre dans la construction de l'Europe. Ce sont plus précisément la France, la Grande-Bretagne, l'Allemagne, la Belgique, le Portugal, l'Italie et l'Espagne. Nous avons également le tort d'omettre qu'il était déjà question, à l'époque, de libre-échange, de traités et d'amitié, exactement comme aujourd'hui.

Le discours dominant sur l'Afrique noire est, en réalité, une imposture politique et intellectuelle lorsqu'il met en scène, d'un côté, un continent malade, en proie à ses propres démons qui seraient le tribalisme, la dictature et la corruption, et, de l'autre, une France prospère et démocratique qui suit son destin à travers la construction européenne. Il est de plus en plus clair pour nous que la prospérité, la stabilité politique et la paix sociale dans l'Hexagone ainsi que dans les autres anciennes puissances coloniales se nourrissent de la pauvreté, de l'instabilité politique et de la guerre au Sud. La Côte d'Ivoire et le Togo en crise ne sont pas deux fronts de plus dans un continent éprouvé par de nombreux autres conflits, mais deux expressions du même double jeu de la France dont nous-mêmes, Africains, avons du mal à tirer toutes les conséquences tant vous excellez dans l'art de nous distraire et de diviser pour régner. La gestion des causes immédiates de ces conflits et des dégâts qu'ils occasionnent est médiatisée avec insistance de manière à masquer les réalités historiques et macro-économiques qui leur sont sous-jacentes. Aussi les accords de paix sont-ils sans lendemain.

L'issue à l'implosion du continent noir est dans la relecture et l'interprétation de nos maux par nous-mêmes, à la lumière des convulsions du monde, plus particulièrement des ravages de la libéralisation économique qui s'accentuent. Cette nécessité de réactualiser la réflexion sur les rapports de l'Afrique à ses anciennes puissances colonisatrices a été ressentie par la société civile critique, dès la naissance du Forum social africain (FSA), à Bamako (Mali), en janvier 2002. Elle s'est imposée lors de la seconde édition de ce forum, en janvier 2003, à Addis-Abeba (Éthiopie), où nous avons appréhendé la multiplication des interventions militaires de la France sur le continent au cours des prochaines années. « À la lumière du génocide rwandais de 1994, de la guerre civile du Congo en 1997 et des conflits en cours en Centrafrique et en Côte d'Ivoire, il est urgent pour les États africains francophones de réévaluer leurs relations avec l'ancienne puissance coloniale[1] », avons-nous souligné lors de cette rencontre.

Les nombreux dirigeants africains qui, pour vous plaire, ont choisi d'occulter le lien entre le passé colonial et l'état actuel de déliquescence du

1. Déclaration du Forum social africain (FSA), Addis-Abeba, janvier 2003.

continent se trompent d'enjeux, de défis et de priorités. Ils ont désormais en face d'eux des peuples qui sont en train de réaliser que le double jeu de la France est une sérieuse entrave au respect de leurs droits économiques, politiques, sociaux et culturels. Ils n'ont plus peur de vous nommer, Monsieur le Président. Aux slogans antifrançais des Patriotes d'Abidjan, le long des chaudes journées de novembre 2004, sont venus s'ajouter, le 19 février 2005, ceux des 25 000 manifestants de Lomé et de la diaspora togolaise en France. Nous sommes, assurément, à un tournant important de l'évolution de nos rapports.

Cet éveil des consciences en Afrique de l'Ouest s'inscrit dans un contexte également marqué par la plainte qu'ont déposée des Rwandais contre votre pays pour sa participation à la préparation du génocide qui a coûté la vie à un million des leurs.

J'ai choisi de m'appesantir sur la situation de la Côte d'Ivoire, qui rend parfaitement compte de l'incapacité du système capitaliste à répondre sur des bases durables à la demande sociale des Africains.

Vue sous l'angle de la mondialisation néolibérale, la Côte d'Ivoire en crise apparaît comme l'un des pays dont la France a toujours eu besoin et dont elle voudrait continuer à se servir pour relever les défis de la croissance et de la compétitivité sans avoir à en assumer le coût social, politique et écologique. Car la France, qui veut gagner coûte que coûte dans la course aux parts de marché et qui brandit ses performances dans l'agriculture, l'industrie, etc., bat de plus en plus de l'aile dans le domaine social.

Le moral de la majorité des Français est en berne du fait du chômage, qui a atteint l'un des taux les plus élevés d'Europe (10 %). Les réformes économiques et institutionnelles, dont les privatisations, qui passent comme une lettre à la poste en Afrique, donnent lieu à de vives protestations sous vos cieux. Il n'est donc pas étonnant que l'État français n'ait ni l'envie ni l'intention d'ajouter à la grogne sociale que suscite le tout-marché en son propre sein le désespoir des Africains que cette orientation entraîne dans son sillage.

Ceux qui pensent que la France se désengage en Afrique se trompent de grille de lecture. Vous ne vous éloignez que pour cueillir en toute quiétude les fruits de l'expansion du capital français, en laissant aux dirigeants africains le soin de gérer les conséquences des restructurations nécessaires.

La classe politique française crée ainsi et en permanence, dans chacun de nos pays, la situation catastrophique que vous avez frôlée – la droite comme la gauche – lors de l'élection présidentielle d'avril 2002 dans votre pays. Vous oubliez que le score de 16,9 % de Le Pen se nourrit du même désespoir qui pousse les Africains à se réfugier dans l'ethnie ou la religion. Il ne suffit pas de comparer l'« ivoirité » au lepénisme et de la condamner. Il s'agit aussi et surtout de reconnaître à la Côte d'Ivoire et à l'Afrique tout entière le droit de disposer de nos richesses dans la satisfaction de nos propres besoins. Or les politiques économiques dont vous convenez pour nous, entre vous, au G8 et au niveau du Fonds monétaire international (FMI) et de la Banque mondiale ne sécrètent que la pauvreté, la haine et l'intolérance. Les moyens économiques et financiers que vous vous donnez pour juguler le racisme et la xénophobie consistent, paradoxalement, à appauvrir nos pays.

Voilà pourquoi j'estime, Monsieur le Président, que la question du « Oui » ou du « Non » au modèle économique libéral qui est au cœur du projet européen nous concerne au plus haut point en Afrique.

La véritable marginalisation, voire la ghettoïsation, de notre continent conduit à perdre de vue ce lien entre vos décisions et nos destins. Nous n'avons pas choisi une telle dépendance. Et nous n'en voulons pas. De sa mise à plat dépendront désormais la paix et la démocratie véritables, en France et en Afrique.

Je sais que cette lecture du libéralisme économique en tant que facteur de guerre en Afrique indispose également nos propres élites, qui sont vos alliées. Je n'ai pas pour autant l'intention de banaliser l'« ivoirité » ni la prétention d'épuiser le débat sur les mécanismes de l'ethnicisation des conflits en Afrique. Je tiens tout simplement à rappeler l'impérieuse nécessité de relire l'« ivoirité » comme l'expression tragique de l'échec du modèle d'ouverture économique que la France et l'ensemble des nations riches et industrialisées veulent pour nous et présentent comme incontournable.

Emblématique de la réussite éphémère de ce modèle, basé sur l'exportation des produits de base, et huilée par l'« amitié » de la France, la Côte d'Ivoire est aussi emblématique de l'échec lamentable de ce système.

Incohérente en apparence, votre politique africaine, qui révèle chaque jour davantage ses limites, obéit, Monsieur le Président, à une seule et même logique : maintenir les conditions de l'enrichissement de la France à travers les liens d'« amitié » et de « coopération » anciennement établis. Cette exigence justifie le long règne du Président Félix Houphouët-Boigny (de 1963 à 1993) et celui de Gnassingbé Eyadema (de 1967 à 2005).

Les accords de coopération économique, monétaire et militaire qui datent des années 1960 sont les principaux instruments de ce processus de préservation et de protection sous nos cieux des intérêts du capitalisme français, qui n'a que faire des revendications et des aspirations des peuples ivoirien, togolais, malien, camerounais ou tchadien.

Les accords économiques que le gouvernement de Laurent Gbagbo conteste supposent, comme le rappelle Mamadou Coulibaly, député et président de l'Assemblée nationale de Côte d'Ivoire, que « toutes les ressources naturelles, tous les marchés publics, tous les projets de développement soient attribués en priorité à la France ! ». Quant aux accords monétaires, « au moment où nous avions le plus besoin de la France pour faire appliquer le traité monétaire qui devait l'amener à assurer, en termes de devises étrangères, le manque de ressources des pays africains, Balladur a déclaré que ces accords étaient caducs. Nous sommes allés de trahison en trahison. Tous les accords sont caducs, mais la France ne le déclare que lorsqu'il lui est demandé d'assumer sa part de responsabilité[1] ».

Pour ce qui est de la coopération militaire, relève le même Mamadou Coulibaly, Mme Michèle Alliot-Marie s'est dépêchée, dès le lendemain de la rébellion, de déclarer que les accords qui lient vos deux pays sont caducs pour ne pas avoir à intervenir dans la partition de la Côte d'Ivoire.

Les ravages de l'hypocrisie et du mensonge sont tels que nous en venons à regretter la brutale franchise des colons, qui avait l'avantage de la clarté.

1. Mamadou Coulibaly, « La sortie de crise viendra d'un face-à-face avec Paris » (entretien), *Le Courrier d'Abidjan*, 9 décembre 2004.

Dans un discours prononcé en 1932, Albert Sarrault n'a pas fait mystère du dessein de la colonisation : « Et pourquoi déguiser la vérité ? Au départ la colonisation n'a pas été un acte de civilisation ; n'a pas été un désir de civiliser. Ce fut un acte de force motivé par des intérêts ; un épisode de la lutte pour la vie qui, d'homme à homme, de groupe à groupe, se développe depuis ; le peuple qui se décide à conquérir et mettre en valeur des colonies dans des continents pense d'abord, seulement, à travailler pour sa propre puissance et conquiert pour son propre profit[1]. »

Rien n'a fondamentalement changé, dans cette logique impériale, si ce n'est le discours qui, en devenant plus sophistiqué, se révèle plus efficace et redoutable dans l'embrigadement des consciences en Afrique. Tous les moyens sont bons pour nous tenir en laisse et tous les coups sont permis : la diplomatie douce, comme celle de la canonnière, l'aide publique au développement (APD), le chantage, l'intimidation, les sanctions économiques et autres, le soutien aux opposants politiques et aux rebelles, la bataille médiatique et le coup d'État...

Les populations civiles, en l'occurrence les femmes africaines et leurs enfants, dont le sort dramatique fait couler tant d'encre et de salive, ne

1. Albert Sarrault, discours prononcé lors de l'inauguration de l'exposition coloniale de 1932.

sont, en dernière analyse, que de la chair à canon, ou, pour rester collée à l'actualité, des dégâts collatéraux dans le cadre d'une guerre économique et commerciale mondiale d'autant plus malhonnête qu'elle cache sa nature.

Tout comme en Irak et en Afghanistan, en Côte d'Ivoire, au Togo, au Congo, au Mali ou ailleurs, les élections servent, dans les circonstances actuelles, à mobiliser les victimes du système néolibéral dans la légitimation d'un environnement sociopolitique et juridique favorable à la poursuite des affaires, et à en payer ensuite le prix en s'attaquant les uns aux autres. Le vote « libre » et « transparent » ne constitue en rien une réponse valable et viable au chômage, à la paupérisation, à l'injustice, à la corruption ni à l'impunité, dont les peuples ont assez.

Le débat de fond que vous avez engagé en France et en Europe, Monsieur le Président, quant au sens de l'ouverture est précisément celui qui devra avoir lieu en Afrique, ici et maintenant, si vous voulez vraiment nous aider à nous redresser et à vivre debout. Il est important que vous en preniez acte car, comme le souligne Cheikh Hamidou Kane, « les gestes prochains se feront les yeux dans les yeux ».

L'oubli et le mépris

La confiscation comme la déformation de l'information sur les causes profondes des crises et des conflits armés en Afrique font naître et entretiennent un véritable mépris à notre égard dans les sociétés occidentales. Nous souffrons considérablement de cette situation, Monsieur le Président.

Contrairement à ce qui se passe pour la pauvreté, rien n'est prévu pour endiguer le mépris. On n'en meurt pas physiquement, ostensiblement – il n'est même pas mesurable parce que ceux qui en souffrent n'ont pas nécessairement envie de l'étaler au grand jour. Ce mépris flottait dans l'air, devenu de ce fait irrespirable, lors des journées chaudes de novembre 2004, lorsque la crise ivoirienne a révélé sa dimension française de manière violente.

De Toulouse, où j'étais allée témoigner au procès des faucheurs volontaires d'organismes génétiquement modifiés, j'ai pu voir, à la télévision, les images des manifestants ivoiriens, ainsi que celles des Français rapatriés de Côte d'Ivoire, entendre vos observations, celles de vos ministres et des médias qui avaient pris fait et cause pour la France.

Les faits semblaient simples et clairs : les Ivoiriens s'entredéchirent sur fond de tribalisme et s'en prennent, d'un côté, aux militaires français qui s'interposent en bombardant leur camp, tuant 9 d'entre eux, et, de l'autre, aux civils français et européens qui sont venus les aider à développer leur pays.

Nous avons souvent tendance, en Afrique, à oublier que l'ordre est idéologique avant d'être économique, et que l'information est une marchandise qui obéit, elle aussi, à la loi du marché. Les « autoroutes de l'information », dont vous avez abondamment parlé il y a quelques années et qui devaient nous conduire les uns vers les autres, pour davantage de prospérité et de compréhension mutuelle, sont largement ouvertes et accessibles à tous, ou presque. Chacun – État ou individu – en a pour son argent. Ce qui veut dire que la France et la Côte d'Ivoire – et, plus globalement, l'Europe et l'Afrique – ne se battent pas à armes égales dans ce domaine non plus. Néanmoins, en dépit des flots d'images et d'informations dont les médias les ont inondés, la plupart de vos compatriotes ne parviennent pas à comprendre la situation en Côte d'Ivoire.

Des militants altermondialistes et des journalistes qui étaient venus couvrir le procès des faucheurs volontaires m'ont expliqué qu'ils auraient bien aimé réagir, mais qu'ils ne le pouvaient pas puisque les informations rendaient compte de chasses à l'homme et que des Français avaient dû être rapatriés par milliers. De plus, les partisans du Président Laurent Gbagbo, les Patriotes, qui avaient lancé sur les antennes de la RTI (Radio-Télévision ivoirienne) l'appel à la mobilisation contre les Français, après la destruction de la flotte ivoirienne en représailles à la mort des 9 soldats français de l'opération « Licorne », étaient trop furieux pour être entendus et se faire comprendre.

Je me devais de trouver le maillon manquant à leur lecture de la crise ivoirienne par le biais de quelques brèves interventions sur ses causes historiques et macro-économiques, ainsi que sur le lien avec notre propre lutte commune pour un autre monde possible.

Le même exercice n'avait, malheureusement, pas sa place dans les contacts plus ordinaires et anonymes que je pouvais avoir avec d'autres Français que je rencontrais, tel ce vendeur de journaux qui avait sous les yeux des images de Français rapatriés d'Abidjan. « De quel pays d'Afrique êtes-vous ? » me demanda-t-il, sèchement, au moment de me rendre ma monnaie. J'étais embarrassée, parce que persuadée qu'avec la pile de journaux qu'il avait entre les mains il pensait à la Côte d'Ivoire – et pas nécessairement en bien. Que devais-je faire ? Pour m'assurer que je n'engageais pas un procès d'intention, j'ai ainsi répondu : « Lequel connaissez-vous ? – Aucun », fit-il, tout en vaquant à ses occupations.

J'en eus le cœur serré. Je venais de rater une occasion de dissiper ces malentendus qui ajoutent chaque jour un peu plus au mépris. L'enquête Sofres[1] sur l'image de l'Afrique auprès des Français n'a-t-elle pas montré qu'elle est, dans l'ensemble, perçue comme « pauvre », « instable », « violente » et « corrompue » ? Une image lourde à porter... Toute aide financière que vous parviendrez à mobiliser dans le cadre de la lutte contre la pauvreté et le sida en Afrique sans que cette image ait été dissipée ne sera que de la charité à l'endroit de peuples que le reste du monde ne peut que mépriser.

Cette image déplorable de l'Afrique est en ce moment cultivée par un courant néoraciste anti-Noirs qui sévit dans le monde des médias à travers de prétendus spécialistes de l'Afrique, dont Stephen Smith, l'auteur de *Négrologie : pourquoi l'Afrique meurt*[2]. Ce fossoyeur du continent noir estime que « si l'on remplaçait les 15 millions d'Ivoiriens par autant de Belges ou d'Irlandais, nul

---

1. Sofres, « Les Français et l'Afrique », enquête réalisée en face à face pour *Le Pèlerin Magazine*, 26-27 mars 2003.

2. Stephen Smith, *Négrologie : pourquoi l'Afrique meurt*, Paris, Calmann-Lévy, 2003.

doute que la Côte d'Ivoire "tournerait" ». Il n'hésite pas davantage à présenter les Africains comme les passagers d'« une pirogue déjà prise dans la tourmente d'une mer démontée par la mondialisation », qui, « au lieu de pagayer pour gagner une terre ferme, s'acharnaient à trouer la coque de leur frêle esquif[1] ».

Certains de ses lecteurs et collègues, dont Vincent Hugeux, ont bien reçu le message : « [...] pour une fois, l'état lamentable de la plupart des pays au sud du Sahara n'est pas dû au péché originel des Blancs, de la traite des esclaves jusqu'à la colonisation, puis la mondialisation, mais aux Africains eux-mêmes, incapables de se prendre en charge, imperméables à la démocratie et quémandeurs de l'assistance mondiale. » Stephen Smith a même reçu le prix France Télévisions. C'est dire à quel point est profond et largement répandu le mépris pour l'Afrique et les Africains.

La lutte contre la pauvreté n'est que mendicité et subordination, qui poussent nos dirigeants à poursuivre des réformes néolibérales qui appauvrissent davantage. La lutte contre l'oubli et le mépris, en revanche, est le lieu d'une résistance véritable, multiforme et nécessairement salutaire. Il s'agit de rappeler que les esclaves comme la

1. Stephen Smith, *Négrologie : pourquoi l'Afrique meurt*, *op. cit.*

plupart des tirailleurs sénégalais ont été arrachés à leur terre, qu'ils ont contribué à la richesse de vos nations.

Le rôle des soldats africains qui se sont battus avec la France et en son nom, pendant la Première et la Seconde Guerre mondiale, est occulté des manuels scolaires, des films de guerre, des romans, des actualités audiovisuelles, etc. Le poète et Président Léopold Sédar Senghor est l'un des premiers à s'insurger contre l'oubli, dans la mémoire collective et historique de la France, des soldats africains et malgaches des deux premiers conflits mondiaux.

Contrairement à la génération de poètes, d'écrivains et d'intellectuels noirs à laquelle il appartenait, la génération actuelle sécrète parfois des fossoyeurs de la race noire qui revendiquent et relaient les thèses à la Stephen Smith. Mais nous payons tous, à un moment ou à un autre, à quelque niveau que nous soyons, pour le mépris et le racisme. Le fait que les sportifs noirs qui ont conquis les stades soient de plus en plus l'objet de propos racistes atteste, s'il en était besoin, qu'il ne s'agit pas de montrer les Ivoiriens du doigt, mais de les aider à sortir du cercle vicieux de la manipulation de l'ethnie ou de la religion.

Les intellectuels n'ont pas joué, jusqu'ici, le rôle qui devait être le leur. Celui-ci consiste à méditer le drame rwandais en montrant jusqu'où la manipulation peut conduire quand une mère hutu tue ses cinq enfants parce que leur père est tutsi.

Crever l'abcès de l'« ivoirité » et aller plus loin dans l'analyse des causes du bourbier ivoirien est l'objectif que je me suis assigné.

J'aurais pu m'arrêter moi-même au procès de l'« ivoirité », d'autant plus que j'ai été désignée, nommément, comme l'une de ces personnes à la « nationalité douteuse » qui ont occupé des hautes fonctions dans l'administration ivoirienne avant de se retirer dans leur pays d'origine. C'était un mauvais procès dans la mesure où mon itinéraire est celui de la plupart des femmes qui, en épousant un homme, adoptent la patrie de ce dernier. Je n'avais, de surcroît, aucun agenda politique, caché ou révélé. Ce diagnostic qui se veut honnête, novateur et rigoureux est le meilleur hommage que je puisse rendre à ce pays qui est mien, comme le Mali, et auquel je reste très attachée. Il est ma manière d'inviter les intellectuels et politiciens à davantage de sérénité afin de ne pas donner à l'indispensable combat politique un contenu qui se résume à la quête du pouvoir pour le pouvoir.

Malienne d'origine, Ivoirienne d'adoption (et Noire de circonstance), je vous écris donc d'un pays qui m'est familier, à propos d'une Afrique qui est mon combat.

Mon séjour en Côte d'Ivoire, qui remonte à 1963, avait pour objet de rendre visite à l'une de mes sœurs aînées mariée à Daloa, où j'ai rencontré, la même année, le père de mes enfants. Les deux bourses d'études ivoiriennes dont nous avons bénéficié après notre mariage, en 1967, nous ont permis d'étudier en France, à l'université de Caen.

En 1974, de retour en Côte d'Ivoire, après avoir obtenu mon doctorat de troisième cycle en psychologie sociale, j'ai commencé à travailler à l'université d'Abidjan en tant que chargée de recherches à l'Institut d'ethno-sociologie (IES), contigu à l'Institut des langues appliquées (ILA), où Laurent Gbagbo et son épouse Simone venaient d'entamer, eux aussi, leur carrière universitaire. Je fus détachée l'année suivante, en tant que directrice des études et des programmes, auprès du ministère de la Condition féminine, le premier du genre en Afrique, créé par le Président Félix Houphouët-Boigny à la faveur de l'Année internationale de la femme.

Les activités dans lesquelles j'ai été impliquée, à partir de ce moment, m'ont amenée à parcourir la Côte d'Ivoire, à m'imprégner des réalités des populations de ses différentes régions et à initier une série d'actions en faveur des femmes et des enfants en bas âge. Mon divorce, en 1976, n'a rien changé à mon attachement à ce pays, même s'il m'est arrivé de me faire rappeler à l'ordre par certains intellectuels et politiciens de l'époque, lorsque, dans les conférences internationales, je disais parfois « mon pays » en parlant de la Côte d'Ivoire. Je sais, par expérience, ce qu'est l'instrumentalisation de l'origine, de l'ethnie et de la religion dans les stratégies de positionnement des élites. J'avais pris le parti, dès cette époque, de ne pas me laisser déstabiliser dans mes convictions quant à la communauté de destin de nos pays balkanisés par des questions de territoire, d'identité et de pouvoir.

Ma nomination, en 1988, au poste de directrice d'un projet régional d'approvisionnement en eau potable et d'assainissement du Programme des Nations unies pour le développement (Pnud), avec résidence à Abidjan, m'a, de ce point de vue, comblée en me donnant la chance d'intervenir dans une douzaine de pays, dont le Burkina Faso, le Cap-Vert, la Guinée-Bissau, le Kenya, le Nigeria, la Tanzanie et le Sénégal. Je me rendis compte, au contact des populations, que les programmes d'ajustement structurel (PAS) qui étaient mis en œuvre dans la quasi-totalité de ces pays avaient les mêmes effets destructeurs sur le lien social. L'austérité économique sans fin avait commencé à engendrer l'incompréhension, la mésentente et les conflits au sein des ménages, des quartiers et des villages où auparavant les populations savaient vivre ensemble. Pour ce qui est de la Côte d'Ivoire, la pièce de théâtre de Souleymane Koly intitulée *La Cour*, qui rend compte de la vie des Abidjanais dans les concessions est édifiante quant à cette volonté des gens ordinaires de vivre ensemble. Plus généralement, ses œuvres théâtrales, qui montrent les relations interethniques dans les cours d'Abidjan, sont, à cet égard, riches d'enseignements. Elles révèlent, s'il en était besoin, que la Côte d'Ivoire des gens ordinaires est fraternelle, vivante, drôle et solidaire.

La France peut-elle ne pas confondre les intérêts de ses grands groupes avec ceux du peuple français, et les politiciens africains peuvent-ils ne pas faire l'amalgame entre les leurs et la paix et la démocratie ?

Permettez-moi de vous rappeler ces propos d'Aimé Césaire à l'intention du Président François Mitterrand, en visite en Martinique, qui n'ont pas pris une seule ride :

> Si vous me demandiez d'établir la hiérarchie de nos besoins, si vous me demandiez de définir ce que je considère comme l'aide la plus urgente et la plus nécessaire que vous, hommes de France, vous puissiez nous apporter, j'en surprendrais plus d'un, car je ne parlerais ni de l'agriculture, ni de l'industrie, ni du tourisme, ni de subventions, je ne tendrais ni la main ni la sébile, et je vous répondrais ceci :
>
> Si vous voulez nous aider, par-delà toutes les aides ponctuelles et conjoncturelles, nous aider fondamentalement,
>
> Aidez-nous d'abord à être nous-mêmes,
>
> Aidez-nous à redevenir nous-mêmes,

> Aidez-nous à rendre à notre peuple la fierté d'être lui-même[1].

Ces trois dernières années, une lueur d'espoir nous était apparue quant à cette possibilité qu'on nous rende enfin notre dignité, notre humanité. C'était à Johannesburg, lors du Sommet de la Terre en septembre 2002, et en 2003, avant la guerre préventive de l'administration Bush contre l'Irak.

1. Aimé Césaire, discours d'accueil adressé à François Mitterrand, mairie de Fort-de-France, 25 octobre 1974.

Nous avons rêvé, nous aussi

Comme elle est belle et remarquable, la France, Monsieur le Président de la République, quand elle est claire et juste, à l'image de la rivière Mouya Yara[1].

Dans un village du nom de N'gouma, au Mali, près de Douentza, dont vous n'étiez pas très loin lors de votre séjour d'octobre 2003, coule pendant l'hivernage une rivière du nom de Mouya Yara. Son eau est d'une limpidité qui fascine le passant. Quand celui-ci s'en approche, il ne peut résister à l'envie d'en boire. Et quand il en a bu, il ne peut que revenir vers Mouya Yara. La France des causes justes ressemble à ce cours d'eau. Source d'inspiration et d'espérance, elle étanche notre soif de vérité et nous autorise, nous, les damnés de la Terre,

1. *Saa mouyi a da yara, saa mouyali a da yara* (« Si tu veux, tu boiras, si tu ne veux pas, tu boiras, dès que tu seras en contact »). Cette similitude entre la France juste et l'eau claire de Mouya Yara m'est venue à l'esprit lors de l'examen d'un rapport d'Enda-Tiers-Monde qui porte le nom de ce cours d'eau. Je remercie Youba Sokona, qui m'en a donné la traduction en peuhl.

à nous tourner vers elle dans notre quête de vérité, de justice et d'alternatives. Elle est à l'œuvre au niveau du mouvement social mondial, dont l'Afrique pourrait tirer le plus grand profit, n'en déplaise à maître Abdoulaye Wade, qui taxe l'altermondialisme d'irréalisme. Nous préférons, en effet, nos utopies, qui ont au moins l'avantage de l'autonomie de pensée et de la créativité, aux réformes que nos dirigeants, acquis au dogme néolibéral, endossent, appliquent à la lettre, dans la perspective d'un hypothétique rattrapage qui n'est en rien conforme aux attentes de leurs peuples.

Je suis de ceux et celles qui estiment que l'Afrique pourrait et devrait s'engouffrer dans les brèches qui s'ouvrent actuellement dans le système pour rendre compte de l'incompatibilité du dogme néolibéral avec la paix et la justice. Vous-même en avez ouvert plusieurs, à propos du multilatéralisme, de l'environnement, de la diversité culturelle, du financement du développement, etc. Nul ne devrait nous accuser de victimisation lorsque nous dénoncerons les ravages du système capitaliste dans nos sociétés après que vous les avez soulignés avec véhémence à maintes reprises.

Le monde entier se souvient de votre allocution en séance plénière, au Sommet de la Terre à Johannesburg[1], où vous vous êtes exprimé en ces termes :

1. Sommet de Johannesburg, 26 août-4 septembre 2002.

« Notre maison brûle et nous regardons ailleurs. L'humanité souffre. Elle souffre de mal-développement, au nord comme au sud, et nous sommes indifférents. La Terre et l'humanité sont en péril et nous en sommes tous responsables. »

Vous avez martelé ces paroles avec une telle conviction que, pour ma part, je les ai saisies au bond, en espérant que la société civile critique, qui ne parvient pas encore à se faire entendre et comprendre en Afrique, allait pouvoir poursuivre avec vous, d'un côté, et peut-être avec ses propres dirigeants, de l'autre, l'effort de clarification des mécanismes, des enjeux et des risques de la mondialisation néolibérale.

Nombreux sont ceux, comme vous le savez, Monsieur le Président, qui accueillent vos déclarations sur l'Afrique avec prudence et parfois avec ironie. Pour Philippe Leymarie, vous faites « figure de moderne empereur des Français, qui, depuis son score "à l'africaine" de 82,15 % des voix lors de l'élection présidentielle de mai 2002 face à M. Jean-Marie Le Pen, un tenant de l'inégalité des races […], n'est avare ni d'embrassades ni de bonnes paroles à l'égard d'une Afrique qu'il déclare sans cesse "aimer" et souhaite continuer à "parrainer"[1] ».

1. Philippe Leymarie, « La France contestée dans son pré carré », *Manière de voir* (*Le Monde diplomatique*), février-mars 2005, p. 58.

La Côte d'Ivoire en crise est aujourd'hui le lieu où nous pouvons juger le mieux de la volonté et de la capacité de la France de se remettre en question et de faire de sa politique de coopération un instrument non seulement de transformation de ses anciennes colonies dans le sens des intérêts des couches sociales défavorisées, mais aussi de réparation des préjudices que nous continuons de subir. Il vous suffit de vous imposer le même devoir de cohérence que celui que le mouvement social français et européen attend, lui aussi, de vous dans le cadre du financement des remèdes aux maux de la Terre.

À la suite de votre déclaration du 26 janvier 2005 au Forum économique mondial de Davos, en vue de mobiliser 10 milliards de dollars par an pour lutter contre le sida et la pauvreté, Attac France, par exemple, vous a demandé de choisir entre les taxes internationales et la « Constitution européenne », qui sera soumise à ratification par référendum. Celle-ci, souligne le communiqué, dispose en son article III-156 que « les restrictions, tant aux mouvements de capitaux qu'aux paiements entre les États membres et les pays tiers, sont interdites[1] ».

L'état actuel de déliquescence du pays de Félix Houphouët-Boigny bénéficierait en effet d'un éclairage tout à fait nouveau et de solutions plus crédibles

1. Attac France, communiqué du 27 janvier 2005, Porto Alegre.

si vous acceptiez de le réexaminer à la lumière des mécanismes de la mondialisation économique et des exigences du multilatéralisme que vous défendez.

Aucun autre pays francophone d'Afrique ne peut illustrer mieux que celui-ci l'échec du système capitaliste dont il a été le fleuron dans la sous-région. Loin d'être une affaire interne, la crise affectant la Côte d'Ivoire constitue en fait une forte interpellation de la France qui l'a façonnée, ainsi qu'un avertissement pour les autres pays africains, à qui elle devait servir de modèle.

Pour demeurer sur le terrain des dossiers qui vous sont chers, abordons la biodiversité et la diversité culturelle, dont je peux témoigner de l'évolution.

Lors de la table ronde sur la diversité culturelle et la biodiversité organisée en septembre 2002, à Johannesburg, par l'Unesco et le Programme des Nations unies pour l'environnement (Pnue), que vous avez coprésidée et à laquelle Rigoberta Menchu Tum[1] a pris part, vous avez reconnu et regretté, Monsieur le Président, cette tendance de la mondialisation économique à compromettre les équilibres existants et à condamner les communautés locales à la pauvreté[2]. La Côte d'Ivoire est

1. Prix Nobel de la paix, ambassadrice de bonne volonté de l'Unesco.

2. Intervention de Jacques Chirac consultable sur Internet : www.elysee.fr.

précisément l'une des illustrations les plus probantes du gâchis environnemental et de l'appauvrissement des populations.

Jeune Sahélienne venant pour la première fois en Côte d'Ivoire, en 1963, j'ai, certes, été impressionnée par l'abondance des fruits, des fleurs, des légumes… ainsi que des biens importés, mais surtout par la végétation luxuriante et les modes de vie que j'y découvrais. J'avais fait le voyage à bord du camion de mon beau-frère, assise dans la cabine à côté de lui. La nuit venue, je m'étais assoupie, avant que notre véhicule ne tombât en panne dans la forêt de Vavoua. À mon réveil, j'ai été littéralement subjuguée par la taille des arbres, les cris des oiseaux, la fraîcheur ambiante et la couleur ocre-rouge du sol, abondamment arrosé. Ce paysage, aujourd'hui, n'est plus qu'une étendue d'arbres clairsemés de taille moyenne, l'économie de rente étant une impitoyable dévoreuse de forêts et de terres fertiles. Pendant que la nature s'appauvrissait au fur et à mesure que les plantations s'étendaient, l'uniformisation, préjudiciable à la diversité culturelle, poursuivait son cours du fait de la marchandisation du monde.

Donnons donc, dans ce pays et dans l'ensemble de vos anciennes colonies d'Afrique, un contenu à cette belle expression qui est vôtre : « Notre maison brûle et nous regardons ailleurs. » Posons-nous la question de savoir ce qui a été et ce qui est fait des richesses du sol ivoirien et, plus généralement, africain pour que nos populations figurent parmi les plus pauvres de la planète et finissent par s'en prendre à elles-mêmes. Votre refus de l'unilatéralisme américain alimente, autant que la question de l'environnement, le débat sur l'Afrique – et en particulier sur la Côte d'Ivoire – en crise.

Nous étions nombreux à manifester, nous aussi, le 15 février 2003[1], à Bamako, comme dans d'autres capitales africaines, à l'instar de millions d'autres citoyens de par le monde. C'était pour dire non à George W. Bush, ainsi que, par la même occasion, oui à une autre éthique en politique internationale et, partant, dans les rapports entre la France et ses anciennes colonies. Vous étiez dans bien des têtes et bien des cœurs au cours de cette marche, tout simplement parce que, comme moi, la plupart de mes concitoyens et des Africains en général appréciaient de voir et d'entendre un homme debout face à l'arrogance de la plus grande puissance mondiale.

En Côte d'Ivoire, vous êtes au pied du mur pour ce qui est du multilatéralisme, étant donné la situation quasi monopolistique de vos entreprises (Bouygues, Saur, Bolloré, EDF, France Télécom, etc.) et de vos banques (la Société générale, le

1. Le 15 février 2003, quelque dix millions de personnes ont manifesté dans le monde entier contre la guerre préventive en Irak.

Crédit lyonnais, la Banque nationale de Paris), ainsi que la présence militaire de la France.

Les mêmes intérêts économiques, financiers et culturels étant en jeu dans les autres pays francophones, la question fondamentale est de savoir si la France, qui n'a pas su ni voulu passer la main aux Africains après leur indépendance, va continuer à interpréter la mondialisation à sa manière et en sa propre faveur.

N'est-il pas édifiant, Monsieur le Président, que, depuis les événements de novembre 2004, le modèle le plus avancé des pays francophones sur le chemin du libéralisme économique soit au bord de l'asphyxie du seul fait du départ des Français et, plus généralement, des Occidentaux ? Comment se fait-il qu'en cinquante années de bons et loyaux services envers la France le pays de Félix Houphouët-Boigny s'écroule dès que les Français se retirent massivement ? Nombreux sont les observateurs et analystes qui soutiennent que, quels que soient les défauts du Président ivoirien, il ne vous est devenu franchement antipathique et infréquentable qu'à partir du moment où il est allé à l'encontre des intérêts des grands groupes français – en faisant entrer les Américains (Cargill, ADM) dans la filière cacao, en mettant l'offre de Bouygues pour la construction du troisième pont d'Abidjan en concurrence avec celle des Chinois et en menaçant de lui retirer l'eau et l'électricité. Les mêmes voix soulignent qu'un semblant de paix n'est revenu que lorsque vous avez trouvé avec Gbagbo un terrain d'entente quant aux intérêts économiques des milieux d'affaires français.

Ces constats sont d'une importance capitale, Monsieur le Président, pour la compréhension du conflit ivoirien, comme celle d'autres crises à répétition qui secouent le continent d'un bout à l'autre. Il ne s'agit pas d'être pour ou contre les intérêts français en Afrique, mais de s'interroger sur leur vocation à répondre à une demande sociale forte et croissante, en raison de la jeunesse de la population. La France va-t-elle continuer à confondre la paix et la démocratie en Afrique avec le maintien et la sauvegarde de ses intérêts ?

José Saramago, prix Nobel portugais de littérature, rappelle que la démocratie, inventée par les Grecs vers le Ve siècle avant Jésus-Christ, un système de gouvernement de la Cité impliquant la participation de tous les hommes, n'a pas su s'imposer à Rome, pourtant dans le droit fil d'Athènes. L'autocratie latifundiste romaine en a fait un ennemi direct. Saramago se demande « si les empires économiques contemporains ne sont pas, eux aussi, des adversaires radicaux de la démocratie, même si les apparences sont, pour l'instant, maintenues[1] ». La réponse à cette question ne fait

1. José Saramago, « Que reste-t-il de la démocratie ? », *Le Monde diplomatique*, août 2004.

pas l'ombre d'un doute, de mon point de vue, quand on examine ce qui se passe dans le pré carré français.

Vos nations riches et industrialisées, dont les intérêts sont comparables à ceux des latifundistes de Rome, ne peuvent s'accommoder d'une démocratie qui se traduirait par la participation effective des peuples qu'elles ont colonisés aux choix macroéconomiques, aux prises de décision et au contrôle des ressources, qu'elles estiment, en fait, être leurs, que ce soit en Afrique, en Amérique latine ou en Asie.

Hier, sous la contrainte, nos pays ont fourni des hommes à l'armée française, de l'argent au Trésor français, des produits de base à l'industrie française, et ils ont servi de débouchés aux biens et services produits par la France. Le commerce mondial est le nouveau nom des mêmes mécanismes d'extorsion, vos grandes entreprises ayant remplacé vos maisons de commerce.

Nous vous excédons, ainsi que la plupart des hommes de droite, lorsque nous parlons de recolonisation, mais qu'est-ce qui a véritablement changé entre hier et aujourd'hui ? Si ce n'est qu'en cinq décennies de lavage de cerveaux vous avez réussi à nous faire admettre que nous sommes réellement indépendants et libres de nos choix et de nos décisions, que vous ne nous voulez que du bien.

Pensez-vous, Monsieur le Président, que la France de la finance et du commerce, qui ne jure que par la croissance et la compétitivité au sein de l'Europe et dans le monde, peut lâcher du lest en Côte d'Ivoire et en Afrique afin que nous puissions vivre enfin de nos richesses ? En vous posant en ami et défenseur de l'Afrique, entendez-vous joindre l'acte à la parole et nous donner enfin la latitude de penser, de choisir et d'agir dans le sens de nos véritables intérêts ? Que s'est-il passé de ce point de vue en Côte d'Ivoire ?

Du « miracle » ivoirien au bourbier

L'enquête Sofres déjà citée[1], qui rend compte d'une Afrique pauvre, instable, corrompue et violente, révèle également que 29 % des personnes interrogées n'ont pas l'intention de faire quoi que ce soit pour ce continent. Ce manque d'intérêt et certainement de considération tient probablement à la multiplication des conflits.

La situation était la suivante en mai 2001[2] :

– Onze pays étaient en guerre, en rébellion armée contre les pouvoirs centraux : Angola, Burundi, Congo-Kinshasa, Liberia, Ouganda, Rwanda, Sierra Leone, Sénégal, Somalie, Soudan, Tchad.

– Onze autres étaient secoués par des crises internes plus ou moins aiguës, qui pouvaient à tout moment dégénérer en guerres civiles : Centrafrique, Comores, Congo-Brazzaville, Djibouti, Guinée-

1. *Cf. supra*, p. 28.
2. *Cf.* Jean-Paul Ngoupandé, *L'Afrique sans la France : histoire d'un divorce consommé*, Paris, Albin Michel, 2002, p. 134.

Bissau, Mozambique, Nigeria, Tanzanie, Togo, Zimbabwe.

– Quatre, enfin, étaient engagés dans des conflits inter-États : l'Éthiopie contre l'Érythrée, la Guinée contre le Liberia.

La Côte d'Ivoire et la Centrafrique venaient de rejoindre le premier groupe au moment où l'auteur faisait le bilan de la situation, et le Togo fait partie du deuxième groupe depuis février 2005.

De tous ces États, la Côte d'Ivoire était celui qui semblait le plus inébranlable, en raison de ses performances économiques et d'une transition politique apparemment réussie.

L'examen rigoureux du bilan économique du pays de Félix Houphouët-Boigny aurait pu inciter ses héritiers ainsi que l'ensemble de l'élite intellectuelle et politique de Côte d'Ivoire et, d'une manière générale, du continent à davantage de perspicacité dans l'interprétation des faits et d'efficacité dans la prévention et la gestion des conflits. Mais ni le bon élève ni le maître ne pouvaient songer à un exercice qui aurait révélé les failles du modèle. De leur côté, des institutions comme la Banque mondiale et l'OCDE se sont montrées plutôt « réticentes à aborder la complexité de l'interaction de facteurs internes et externes dont les origines, orientations et imbrications impliqueraient la prise en compte d'une perspective historique et la nécessité de mettre au centre de l'analyse des dynamiques sociopolitiques et culturelles spécifiques à la Côte d'Ivoire[1] ».

Au cours des années 1960 et 1970, la Côte d'Ivoire a enregistré des taux de croissance de 6 à 7 % en termes réels, des taux d'investissement de plus de 15 % du PIB, ainsi que des exportations en constante croissance[2].

Le café[3] et le cacao sont au centre de ce dynamisme, qui se poursuit, puisque la Côte d'Ivoire est le premier producteur et exportateur mondial de cacao et détient le tiers du marché mondial. En plus de cette position, unique pour un pays africain sur le marché agricole, la Côte d'Ivoire demeure un important producteur de café robusta.

Ces performances économiques indéniables se confondent avec le parcours du Président Félix Houphouët-Boigny, à tel point que les analystes se

---

1. Bonnie Campbell, « Le modèle ivoirien de développement à l'épreuve de la crise », *in* B. Contamin et H. Memel-Foté (éd.), *Le Modèle ivoirien en questions : crises, ajustements, recompositions*, Paris, Orstom-Karthala, 1997, p. 44.

2. Bouabré Bouhoun et Oussou Kouassy, « Ouverture sur l'extérieur et performances macro-économiques en Côte d'Ivoire », *ibid.*, p. 12.

3. La France, grande consommatrice de café, a nourri le projet de développer la spéculation sur ce produit dans sa colonie dans les années 1930, en vue d'atténuer les conséquences de son importation sur sa balance commerciale. *Cf.* Bruno Losch, « La Côte d'Ivoire en quête d'un nouveau projet national », *Politique africaine*, n° 78, juin 2000.

perdent en conjectures quant à la cause première de la crise : est-elle celle de l'économie de plantation ou celle du système politique qui l'a propulsée en en tirant largement profit ?

La faiblesse de ce questionnement est de minimiser, voire d'occulter le rôle de l'ancienne puissance coloniale, la France, qui a promu l'économie de plantation en Côte d'Ivoire, l'a instrumentalisée en en faisant sa vitrine, et de Félix Houphouët-Boigny un allié sûr et fidèle dans la défense de ses intérêts. Élu député pour la première fois à l'Assemblée nationale française au titre du second collège du territoire de Côte d'Ivoire en 1945, Félix Houphouët-Boigny a été Premier ministre en 1959, président de la République en 1960 jusqu'à son décès, en 1993. Il était une sorte de « superintendant » aux côtés de Jacques Foccart, le conseiller du général de Gaulle pour les affaires africaines[1].

Félix Houphouët-Boigny s'est d'abord positionné comme protecteur des droits des planteurs indigènes, qui ne bénéficiaient pas des mêmes avantages que leurs homologues européens, notamment pour ce qui était de l'accès aux facteurs de production (terres et main-d'œuvre). Le Syndicat agricole africain (SAA), qui a vu le

1. Jean-Pierre Dozon, *Frères et sujets : la France et l'Afrique en perspective*, Paris, Flammarion, 2003, p. 15.

jour dans ce contexte, a trouvé un prolongement dans le Parti démocratique de Côte d'Ivoire (PDCI) et dans le Rassemblement démocratique africain (RDA), au sein duquel ont milité la plupart des leaders africains contre les abus du système colonial. Les rapports privilégiés du leader ivoirien avec la métropole furent récompensés, après l'indépendance, par un accès privilégié au marché européen.

La croissance économique a été propulsée par un régime de protection (tarifaire et non tarifaire), l'incitation à la production, ainsi qu'une politique de colonisation européenne et de migration africaine.

L'annonce de la fin des forces coloniales de domination française favorisa la naissance de deux mouvements politiques en Afrique de l'Ouest : l'un, animé par Léopold Sédar Senghor, prônait la fédération des territoires ; l'autre, porté par Félix Houphouët-Boigny, la combattait. Ce clivage est illustré par la fameuse phrase du second : « La Côte d'Ivoire ne sera pas la vache à lait des autres territoires. » Avec la bénédiction du général de Gaulle, qui tenait à conduire sa décolonisation à sa manière, Félix Houphouët-Boigny a créé le Conseil de l'entente, le 29 mai 1959, à Abidjan, au moment où la Fédération du Mali, qui devait regrouper, outre ce pays, le Sénégal, le Soudan et la Haute-Volta, se mettait en place[1]. Réduite à deux membres – le Mali et le Sénégal –, la Fédération du Mali n'a pas tardé à éclater. Et le Conseil de l'entente est devenu le premier cadre institutionnel d'intégration régionale. La problématique de l'émigration et du foncier, qui constitue l'une des dimensions de la crise ivoirienne, découle de la volonté de l'État d'augmenter la production nationale de café et de cacao. Le slogan « La terre appartient à celui qui la met en valeur » se situe dans ce contexte. Les pouvoirs publics ont également renforcé la politique de stabilisation et de régulation des prix en fusionnant, en 1962, la Caisse de stabilisation du café et la Caisse de stabilisation du cacao. De 1960 à 1990, la production cacaoyère est passée de 100 000 à 1 million de tonnes.

Au cours de la période pendant laquelle les cours mondiaux des produits d'exportation ont connu une véritable envolée, de 1974 à 1978, le Budget spécial d'investissement (BSI) est passé de 37 milliards de francs CFA en 1973 à 247 milliards en 1977, dont 172 milliards (soit 70,3 %) provenaient de la Caisse de stabilisation (Caistab).

1. Basile Guissou, « Migrations et problématique de la sous-régionalisation en Afrique de l'Ouest », Forum du Tiers-Monde, avril 2001.

L'État ivoirien a pu financer, dans ce contexte, des routes, des chemins de fer, des écoles, des hôpitaux, des usines, octroyé des bourses d'études aux étudiants et soigné gratuitement les malades. Il a également emprunté et investi dans des projets budgétivores et ostentatoires qui ont servi de prétexte aux surfacturations et à la corruption.

Ce dispositif a bien fonctionné jusqu'à la chute brutale des cours des matières premières à partir des années 1970, dont l'une des conséquences immédiates a été l'augmentation de l'encours de la dette. Ce mauvais palliatif a obligé la Côte d'Ivoire à se soumettre au FMI et à la Banque mondiale.

Le pays de Félix Houphouët-Boigny signa son premier programme d'ajustement structurel en 1981 avec les institutions de Bretton Woods. La Banque mondiale invita le Président ivoirien à diminuer les prix garantis aux paysans. Celui-ci s'y refusa et déclencha la « guerre du cacao », décrétant l'embargo sur les exportations de ce produit en 1987. La désorganisation des circuits locaux de commercialisation et l'aggravation de la situation des planteurs qui n'ont pas été payés par certains acheteurs pour la campagne 1988-1989 sont parmi les conséquences de cette prise de position du Président ivoirien.

Les Ivoiriens, citadins et ruraux, ont ainsi assisté, impuissants, à la baisse de leurs revenus. Leur sens de l'humour aidant, ils se disaient

« conjoncturés », espérant, comme le « Père de la Nation », que les difficultés seraient passagères.

Les mesures dites de redressement économique se multiplièrent. Elles comportaient la baisse du prix à la production de 50 % et la privatisation d'une cinquantaine d'entreprises, notamment dans les domaines de l'agro-industrie et de l'agro-alimentaire. Les institutions de Bretton Woods assujettissaient leur aide à la poursuite de la libéralisation de la filière café-cacao, impliquant le désengagement de l'État de la collecte et de la commercialisation.

La révélation du détournement des 18 milliards de francs CFA d'aide de l'Union européenne destinés à la santé et à la décentralisation a contribué à détériorer davantage les relations entre la Côte d'Ivoire et la communauté des créanciers, laquelle a privé le pays, trois années durant, de financement. Le FMI, déjà exaspéré par les lenteurs de la mise en œuvre des réformes, dont le démantèlement de la Caisse de stabilisation, a suspendu l'accord approuvé en 1998 au titre de la facilité d'ajustement structurel, entraînant d'autres bailleurs dans son sillage. L'État ivoirien avait néanmoins réussi à ramener son déficit budgétaire de 11,9 % de son PIB en 1993 à 1,8 % en 1998.

L'État a cédé progressivement : en 1991, la Caistab n'est pas intervenue dans la campagne agricole ; les paysans ont été désormais représentés dans le conseil d'administration ; le système des quotas a été supprimé.

Félix Houphouët-Boigny a été obligé d'accepter le multipartisme en avril 1990, et il a fait appel comme Premier ministre à Alassane Dramane Ouattara dans le cadre du redressement de l'économie ivoirienne. À son décès, survenu le 23 décembre 1993, son dauphin présumé à l'époque, le président de l'Assemblée nationale, Henri Konan-Bédié, lui a succédé avec la bénédiction de la France.

La baisse du cours des matières premières s'est poursuivie (elle était de l'ordre de 50 % pour le cacao entre 1991 et 1999). L'aide publique au développement a baissé dans le même temps : entre 1991 et 1999, elle a été inférieure au remboursement de la dette extérieure.

La grogne populaire a persisté et s'est intensifiée, d'autant plus que les paysans, les travailleurs, les ménages n'ont pas bénéficié des retombées de l'embellie. La masse salariale n'avait augmenté que de 5,7 % de 1993 à 1998, alors que les effectifs de la fonction publique étaient en diminution (de 11 % entre 1993 et 1999).

La dévaluation du franc CFA, le 11 janvier 1994, avait revigoré momentanément l'économie du fait de l'élévation des taxes directes et indirectes sur les filières agricoles. L'augmentation mécanique des recettes d'exportation s'est produite en même temps que celle de l'encours de la dette. Les excédents de la Caisse de stabilisation ont atteint 84 milliards de francs CFA en 1997 et 131,6 milliards en 1998.

La réforme de la Caisse de stabilisation, jugée opaque et injuste pour les paysans, est restée pendant longtemps la pierre d'achoppement des relations entre les autorités ivoiriennes et les institutions de Bretton Woods. La Caisse a finalement été dissoute en janvier 1999. L'État ivoirien s'est retiré de la commercialisation, sans que les intérêts des paysans soient mieux protégés. Ils ont dû désormais traiter directement avec des acheteurs qui ne répercutaient pas l'élévation des prix.

L'encours de la dette extérieure de la Côte d'Ivoire n'a pas cessé d'augmenter en dépit des rééchelonnements du Club de Paris et de celui de Londres : « De 4 197 milliards [de francs CFA] au 31 décembre 1993, il a doublé après la dévaluation pour atteindre 7 788 milliards de francs CFA en décembre 1994. Les différentes restructurations survenues en 1998, tant au Club de Paris qu'au Club de Londres, l'ont ramené à 6 451 milliards au 31 décembre 2001[1] ».

Privée des ressources que la Caisse de stabilisation lui garantissait et de ses autres apports

1. Direction générale du Trésor et de la comptabilité publique de Côte d'Ivoire, « Dette publique et pauvreté », communication à l'atelier de Yamoussoukro sur le DSRP (Document de stratégie pour la réduction de la pauvreté), mai 2002.

extérieurs (aide publique au développement), la Côte d'Ivoire se retrouvait dans l'impasse : sur 191 milliards de francs CFA escomptés en 1999, elle n'a reçu que 6,1 milliards en décembre de cette année-là (soit 3,2 %).

La crise économique était doublée d'une crise politique, qui exacerba les conséquences de la baisse du prix des matières premières et de la dévaluation du franc CFA. Contrairement à Félix Houphouët-Boigny, qui en 1988-1989 avait lié la chute des recettes de l'État à la spéculation internationale qu'il n'avait plus cessé de dénoncer, son successeur, Henri Konan-Bédié, eut recours à l'« ivoirité » : « Manipulés et enragés par la haine de leur propre sang, les ivoiriens en sont arrivés à accepter qu'une disposition discriminatoire donnant aux citoyens de souche "père et mère ivoiriens", eux-mêmes ivoiriens de naissance, un privilège sur les autres Ivoiriens soit inscrite dans leur Constitution[1]. »

C'est sur cette base qu'Alassane Dramane Ouattara a été éliminé de la course à la présidence. Originaire de Kong, au nord de la Côte d'Ivoire, il avait commencé sa carrière de haut fonctionnaire à la Banque centrale des États de l'Afrique de l'Ouest (BECEAO) en tant que Burkinabé.

1. Maurice Bandama, *Côte d'Ivoire : chronique d'une guerre annoncée*, publié avec le concours du quotidien *24 Heures*, Abidjan, mars 2004.

Pour se désolidariser de ce rejet qui allait entacher l'élection présidentielle d'octobre 1994, Laurent Gbagbo, l'opposant historique à Félix Houphouët-Boigny, a appelé au boycott. Henri Konan-Bédié a alors été élu avec 96 % des suffrages exprimés. Renversé le 23 décembre 1999 par un coup d'État militaire conduit par le général Robert Gueï, il a emprunté le tunnel secret que Félix Houphouët-Boigny avait aménagé entre la présidence ivoirienne et l'ambassade de France, où il s'est réfugié.

Paris n'est pas venu à son secours en mettant en application les accords de défense signés en 1960, le Premier ministre d'alors, Lionel Jospin, s'étant refusé à l'intervention du contingent français basé à Port Bouët.

Alassane Dramane Ouattara a également été écarté pour l'élection présidentielle d'octobre 2000, lors de laquelle le socialiste Laurent Gbagbo s'est retrouvé seul candidat civil valable face à Robert Gueï, la Cour suprême ayant invalidé la candidature d'Henri Konan-Bédié pour cause de corruption (détournement de l'aide européenne évoqué *supra*, p. 56) – celle d'Alassane Dramane Ouattara avait été invalidée pour cause de nationalité douteuse.

Alors que les suffrages étaient en faveur de son rival, Robert Gueï a voulu se maintenir au pouvoir. Il a été évincé par la rue. Dans le souci d'apaiser le climat politique, le Président Laurent Gbagbo a rétabli Alassane Dramane Ouattara dans ses droits lors d'un Forum pour la réconciliation nationale.

Les perspectives économiques étant jugées bonnes, Gbagbo a décidé d'ouvrir davantage son pays à d'autres investisseurs, en l'occurrence les États-Unis d'Amérique et la Chine. Cette perspective vous indispose au plus haut point du fait du poids des entreprises françaises, qui représentent 30 % du PIB de la Côte d'Ivoire. « Dans chaque ministère, un conseiller français veille au grain, et les grands groupes (Bouygues, Bolloré, EDF, Saur et autres) sont habitués à se voir attribuer les contrats sans devoir affronter la concurrence internationale, tandis que la Société générale, la BNP et le Crédit lyonnais dominent sans partage le secteur bancaire. De plus, lors des campagnes électorales en France, les partis politiques de droite comptent sur les financements venus d'Afrique[1]. »

À partir de ce moment, les intérêts économiques, financiers et politiques de la France n'ont donc plus été protégés dans le pays qui fut le fleuron de son pré carré. Les accords de défense militaire qui étaient « la contrepartie des retours financiers vers l'ex-métropole » ont alors commencé à présenter des défaillances. C'est ainsi

1. Colette Braeckman, « Aux sources de la crise ivoirienne », *Manière de voir* (*Le Monde diplomatique*), février-mars 2005, p. 81.

que le coup d'État du 19 septembre 2002, qui a échoué, s'est transformé en une rébellion qui, du nord, a progressé vers le sud, sans que la France intervienne, faisant valoir que le traité de défense qui la liait à la Côte d'Ivoire n'était valable qu'en cas d'agression étrangère. Quatre mille soldats de l'opération « Licorne » se sont déployés en revanche sur une ligne de front qui sert depuis lors de ligne de partage, coupant la Côte d'Ivoire en deux, avec au Nord les rebelles, qui se sont baptisés Forces nouvelles, et au Sud les loyalistes.

La position française est dénoncée de part et d'autre, les rebelles étant frustrés de n'avoir pas pu progresser vers le sud, tandis que le gouvernement ivoirien reproche à la France d'avoir dissuadé le Nigeria de l'aider et interdit à l'Angola de mobiliser ses avions de chasse (d'origine française) dans la neutralisation de la rébellion.

Le Président togolais Gnassingbé Eyadema, en qui ni les Nations unies, ni l'Union africaine, ni la CEDEAO (Communauté économique des États de l'Afrique de l'Ouest) ne voyaient un dictateur, a été le premier à jouer le rôle de négociateur dans le conflit ivoirien, avant que la France ne se saisisse du dossier en offrant l'hospitalité aux différents protagonistes de la crise, à Linas-Marcoussis, en région parisienne. Sous la pression française, ces derniers ont conclu des accords dont les grandes lignes consistent à préserver la fonction présidentielle de Laurent Gbagbo en lui désignant un Premier ministre en la personne de Seydou Diarra, perçu comme un homme de dialogue pour avoir mené à bien le Forum national de réconciliation dont il était le président. Conformément aux conclusions d'un minisommet dit de Kléber, les Forces nouvelles sont entrées au gouvernement aux postes de ministres de la Sécurité et de la Défense.

En admettant que l'ancienne puissance coloniale n'ait pas armé la rébellion, force est de constater à partir de ces accords qu'elle a légitimé une rébellion née d'un coup d'État manqué et, comme le souligne Colette Braeckman, qu'elle place sur un pied d'égalité les représentants d'un gouvernement élu, même si le vote n'a pas donné lieu à une véritable compétition entre l'ensemble des candidats au pouvoir, et ceux qui ont choisi la voie des armes pour contester la légitimité de celui-ci. Cette situation, qui rajoute au discrédit de nos démocraties téléguidées, n'a rien d'original, rappelle Colette Braeckman. À plusieurs reprises, la formule de Marcoussis « a été utilisée en Afrique centrale avec des succès divers. Ainsi, par exemple, en 2002, les accords conclus à Sun City, en Afrique du Sud, avaient jeté les bases d'un règlement de la crise en République démocratique du Congo : s'inspirant de l'accord de cessez-le-feu signé à Lusaka en 1999, ils avaient placé sur le même pied d'égalité tous les belligérants, les rebelles soutenus par des pays étrangers (le Rwanda et l'Ouganda) et les représentants du pouvoir central[1] ».

Car le conflit ivoirien a lui aussi des ramifications sous-régionales, ne serait-ce que la domiciliation à Ouagadougou (Burkina Faso) de militaires et de personnalités politiques en disgrâce et la participation de combattants de différents pays frontaliers au conflit.

Les accords de Linas-Marcoussis ont provoqué indignation et colère parmi les partisans du Président Laurent Gbagbo, dont la plupart les ont rejetés. À présent, deux légitimités s'affrontent en Côte d'Ivoire : celle de la Constitution et celle des accords conclus à Linas-Marcoussis, sous la pression de la France.

Sur le terrain, les Ivoiriens qui se disent « de souche » et qui en qualifient d'autres « de circonstance » s'affrontent physiquement et s'entre-déchirent. Le général Robert Gueï, le ministre de la Défense Émile Boga Doudou et leurs épouses ont été assassinés. Il en est de même de centaines d'innocents, dont de nombreux ressortissants du Burkina Faso et du Mali. Pour ce qui est des Français, le journaliste Jean Hélène a trouvé la mort le 21 octobre 2003, tandis que Guy-André Kieffer, enlevé le 16 avril 2004, reste introuvable.

1. *Ibid.*

Conclus le 30 juillet 2004 par les signataires des accords de Linas-Marcoussis dans la capitale ghanéenne, l'accord dit d'Accra III avait fixé au 15 octobre 2004 la fin du processus de désarmement des belligérants en vue de la réunification du pays. Mais, le 28 octobre, le secrétaire général des Forces nouvelles a annoncé leur refus de déposer les armes à cette date. Après avoir attendu en vain la réaction des Nations unies, de l'Union africaine et de la CEDEAO, le gouvernement ivoirien a entrepris de désarmer la rébellion afin que les élections d'octobre 2005 puissent avoir lieu dans un pays réunifié. Les raids militaires de l'armée ivoirienne ont alors frappé, les 4 et 5 novembre 2004, les villes de Bouaké, au centre, et de Korhogo, au nord, sans que les militaires français s'en émeuvent. Au moment où l'armée avait le sentiment d'être près de son but, l'entreprise a tourné à une crise franco-ivoirienne profonde lorsqu'un Sukhoï ivoirien volant à basse altitude a lâché une bombe sur le cantonnement des militaires français, tuant 9 personnes, dont un civil américain qui se trouvait sur les lieux, et en blessant 38 autres.

La réaction de la France ne s'est pas fait attendre. Elle a surtout été disproportionnée. En guise de représailles, l'opération « Licorne » a, en quelques heures, détruit les deux Sukhoï stationnés à l'aéroport de Yamoussoukro ainsi que trois aéronefs qui étaient au palais présidentiel, et en a fait autant, à la hache, des aéronefs qui étaient stationnés sur la base aérienne militaire d'Abidjan-Port Bouët.

Elle s'est emparée également de l'aéroport international d'Abidjan et a excédé les Patriotes, dont l'un des leaders, Charles Blé Goudé, a lancé, au journal télévisé de 20 h 30, un appel à la mobilisation populaire et à la résistance, la Côte d'Ivoire ayant été attaquée par la France qui, selon certains intervenants, comptait destituer le Président Laurent Gbagbo pour le remplacer par Alassane Dramane Ouattara. À peine a-t-il eu fini de s'exprimer que des milliers de manifestants ont envahi les rues d'Abidjan en prenant différentes directions, dont l'aéroport, le 43e BIMA, la Radio-Télévision nationale et le palais présidentiel à Cocody.

L'armée française s'est alors déployée sur les deux ponts qui relient le nord et le sud de la capitale ivoirienne en vue d'empêcher les manifestants d'atteindre l'aéroport, d'où les « Blancs », pris pour cibles, devaient être rapatriés. À partir d'hélicoptères de combat, elle a tiré, à balles réelles, sur les manifestants qui tentaient de franchir le pont Général de Gaulle. La cinquantaine de chars qui s'acheminait, le 7 novembre 2004, vers le palais présidentiel a dû reculer face à la résistance des Patriotes, avant de s'installer sur l'esplanade de l'hôtel Ivoire, 600 mètres plus loin ; les militaires ont encore tiré à balles réelles sur les manifestants.

À la date du 15 novembre 2004, les autorités ivoiriennes ont évalué à 64 le nombre de soldats et de civils morts sur les lieux des affrontements, à 37 celui des personnes mortes dans les centres hospitaliers, et à plus de 1 300 le nombre de blessés.

Ce tribut est lourd pour une armée qui se dit d'interposition. Et nous ne pouvons pas nous empêcher, Monsieur le Président, de penser à l'Irak et de comparer les deux situations. Le mardi 9 novembre 2004, votre ministre des Affaires étrangères invoquait, devant le Sénat, la légitime défense pour justifier la destruction de la totalité des appareils militaires ivoiriens ; il me faisait penser à l'administration Bush présentant l'Irak comme une menace pour les États-Unis d'Amérique.

Le mandat de l'ONU dont l'armée française se réclame et que vous reprochez à George W. Bush de n'avoir pas obtenu avant d'intervenir en Irak serait-il un simple permis de tuer sans sommation ?

Nous nous sommes demandé s'il en était ainsi en voyant l'armada positionnée au large des côtes ivoiriennes, à portée de vue de la capitale : « deux navires de guerre, les Frégates et la Foudre, canons pointés vers le rivage. À terre, entre les bases de Port Bouët et la Zone de confiance, stationnent désormais 5 500 militaires français[1]. »

1. François Soudan, « Le piège et la faute », *Jeune Afrique/L'Intelligent*, n° 2291, 5-11 décembre 2004.

Et dire que cette opération de domination et de destruction coûte 1,5 million d'euros par jour aux contribuables français… Utilisé dans le cadre d'une coopération bilatérale respectueuse des droits économiques, sociaux et politiques des Ivoiriens, de manière transparente et rigoureuse, ce même montant aurait réduit la fracture sociale qui a fait le terreau de l'« ivoirité » et de la plupart des identités meurtrières.

Fracture sociale et « ivoirité »

Le ver de l'« ivoirité » était déjà dans le fruit de la croissance économique extravertie et dépendante, Monsieur le Président ! Car, en soi, le facteur ethnique ne saurait être source de conflit dans la mesure où chacun vient de quelque part et où les territoires matériels et immatériels que nous nous approprions, que nous revendiquons et marquons de nos empreintes, se construisent au fil du temps.

Peu peuplée à l'époque de la pénétration coloniale, la Côte d'Ivoire compte actuellement quelque 16 millions d'habitants, répartis en quatre grands groupes : les Mandés au nord-ouest, les Krous au sud-ouest, les Voltaïques au nord et le groupe Akan à l'est, au centre et au sud-est, dont 5 millions d'étrangers. Ils sont musulmans (38 %), catholiques (22 %), protestants (5,5 %), de religion traditionnelle (17 %) et d'autres religions (17 %).

Ce taux exceptionnel d'étrangers résulte de l'histoire de la Côte d'Ivoire et en constitue l'une des spécificités. Celle-ci ne doit en aucun cas être occultée ni banalisée, mais analysée, gérée de manière responsable, sans démagogie, sans haine, sans manipulation politicienne. Elle relève de l'une des questions les plus graves de notre temps, qui nous interpelle quotidiennement dans les zones de départ comme dans les zones d'arrivée, mais aussi dans les zones de transit, où la gestion policière des flux migratoires devient un enjeu majeur de la coopération entre l'Union européenne et les pays du Maghreb.

Les arrangements entre les pays européens et des pays maghrébins (Libye, Maroc) avec lesquels ils contiennent et refoulent les réfugiés économiques de l'Afrique subsaharienne, ruinée par cinquante ans de politiques de développement erronées, sont aussi choquants que l'« ivoirité », Monsieur le Président.

Samir Amin rappelle la différence entre les mouvements des peuples tels que la Côte d'Ivoire les a enregistrés du XIe au XIXe siècle et les migrations de main-d'œuvre s'inscrivant dans le cadre de l'économie capitaliste. Ce fut le cas pour les travailleurs des pays limitrophes de la Côte d'Ivoire, notamment le Burkina Faso, que l'administration coloniale a commencé à drainer vers les plantations de café et de cacao ivoiriennes dès les années 1920, à la demande des maisons de commerce d'alors. Une partie de ce pays, la basse Haute-Volta, a même été rattachée administrativement à la Côte d'Ivoire, de 1934 à 1947, pour répondre à ce besoin de main-d'œuvre.

Il existe indéniablement un lien organique entre les migrations africaines et le pillage de l'ensemble de la sous-région. La faiblesse de la thèse conventionnelle, dont se sont inspirés les intellectuels auxquels le Président Henri Konan-Bédié a confié le soin d'élaborer l'« ivoirité », est de réduire les causes de la crise de l'économie ivoirienne au poids des étrangers, notamment les ressortissants des pays africains, et à la pression sur le foncier qui découle de leur présence. Leur marginalisation voire leur éviction – moyen de récupérer les terres de culture, les postes de travail et autres biens – avaient besoin d'être théorisées afin de devenir une arme pour le combat politique fratricide auquel nous assistons.

Niangoran Porquet, qui s'était rendu célèbre en forgeant le concept de « griotique », ou art de la parole, avait lancé dans la foulée celui d'« ivoirité », qui, souligne Barthélemy Kotchy, visait à « affirmer notre personnalité à cette époque où, jeunes enseignants, nous luttions en vue de la réhabilitation de nos valeurs culturelles[1] ». Le concept a changé de contenu et de fonction à partir du moment où le Président Henri Konan-Bédié s'en

1. Barthélemy Kotchy, préface au livre de Maurice Bandama, *Côte d'Ivoire : chronique d'une guerre annoncée*, *op. cit.*

est emparé et l'a lancé, le 26 août 1995, à l'occasion de la convention du PDCI-RDA, à Yamoussoukro. Au premier abord, il s'agit d'une quête identitaire à travers « l'affirmation de notre personnalité culturelle, l'épanouissement de l'homme ivoirien dans ce qui fait sa spécificité, ce que l'on peut appeler son ivoirité[1] ». Selon Barthélemy Kotchy, ce sont les informations complémentaires de Niangoran Bouah qui ont permis de cerner la dimension politique de cet énoncé. Ce dernier écrit : « Ce mot ne connut son heure de gloire que pendant les discussions accompagnant le texte du Code électoral et précisément dans son article 49, concernant la nationalité du Président de la République[2]. » Les Ivoiriens ont été, à partir de là, classés en « Ivoiriens multiséculaires » et « Ivoiriens de circonstance ».

Selon Jean-Noël Loukou, « l'ivoirité est une exigence de souveraineté, d'identité, de créativité. Le peuple ivoirien doit d'abord affirmer sa souveraineté, son autorité face aux menaces de dépossession et d'assujettissement, qu'il s'agisse de l'immigration ou du pouvoir économique et politique[3] ». Quant à Niangoran Bouah, il estime que « l'individu qui revendique son ivoirité est supposé avoir pour pays

1. *Ibid.*
2. *Ibid.*
3. Cité *ibid.* p. 21.

la Côte d'Ivoire, être né de parents appartenant à l'une des ethnies autochtones de Côte d'Ivoire[1] ».

Le professeur Barthélemy Kotchy regrette que le concept ait ainsi dérivé et débouché sur une théorie raciale faisant fi de l'histoire de la Côte d'Ivoire : « Nous n'avons pas une grande connaissance de notre propre histoire, de telle sorte que bien des Éburnéens ne maîtrisent guère l'ordre chronologique des arrivées successives de ceux qui constituèrent les habitants de la Côte d'Ivoire d'aujourd'hui[2] », souligne-t-il.

Cette participation des intellectuels et des universitaires à la légitimation de l'« ivoirité » en tant qu'identité xénophobe qui allait devenir meurtrière impose le renouvellement de la réflexion sur leur rôle et leur responsabilité dans les échecs, dans la détérioration de l'état des lieux, mais aussi et surtout dans l'organisation de la résistance et la quête d'alternatives. Cette participation insuffisante résulte d'un déficit théorique lui-même dû à l'insuffisance ou à l'inexistence d'un débat national sur les politiques dites de croissance et de développement mises en œuvre ces cinquante dernières années en Côte d'Ivoire comme dans l'ensemble des pays francophones d'Afrique noire. Les chercheurs français, notamment ceux de l'Orstom, en particulier

1. *Ibid.*
2. *Ibid.*

dans le domaine des sciences sociales, sont beaucoup plus nombreux que les Ivoiriens à avoir étudié l'économie de plantation. Les travaux relativement récents de Chauveau et Dozon[1], puis de Chauveau, ont apporté une importante contribution de synthèse qui manquait à la lecture de l'économie de plantation en tant que « phénomène social global ». Bruno Losch[2], qui souligne le rôle de ces chercheurs de l'Orstom, relève la nécessité d'aller plus loin en intégrant ce qu'il appelle le « chaînon », consistant à prendre en compte les interfaces entre le local, le national et l'international.

Les chercheurs, africains et français, au-delà du poids des disciplines qui peut les amener à privilégier un aspect d'un domaine donné plutôt qu'un autre, sont souvent tributaires de l'environnement sociopolitique, économique et institutionnel national dans lequel ils évoluent. Le contexte des années 1970 et 1980 en Côte d'Ivoire n'était pas

---

1. Jean-Pierre Chauveau et Jean-Pierre Dozon, « Colonisation, économie de plantation et société civile en Côte d'Ivoire », *Cahiers ORSTOM, série Sciences humaines*, 1985, 1 (XXI), p. 63-80 ; Jean-Pierre Chauveau et Jean-Pierre Dozon, « Au cœur des ethnies ivoiriennes », *in* E. Terray (éd.), *L'État contemporain en Afrique*, Paris, L'Harmattan, 1987, p. 221-296.

2. Bruno Losch, « À la recherche du chaînon manquant : pour une lecture renouvelée de l'économie de plantation ivoirienne », *in* B. Contamin et H. Memel-Foté (éd.), *Le Modèle ivoirien en questions*, *op. cit.*, p. 207.

favorable à une réflexion approfondie et critique du système capitaliste – ni de la part des nationaux, s'ils ne voulaient pas faire figure de dissidents ou d'opposants, ni de la part des Français, qui étaient des coopérants. Ce qui explique l'importance des approches descriptives et monographiques.

Quand Jean-Pierre Dozon alla plus loin, ce fut pour « identifier les processus et les logiques qui ont fait et qui continuent à faire des relations franco-africaines une liaison toujours singulière et persistante. Et quoique certains d'entre eux, et non des moindres, paraissent relever d'un pesant néocolonialisme, nous ne reprendrons pas tel quel ce terme à notre compte[1] ».

Samir Amin est le chercheur courageux et visionnaire à qui l'histoire donne raison et qui, dès 1967, a mis en garde « contre la croissance des quinze années précédentes en Côte d'Ivoire[2] ».

Le débat qu'il a réussi à susciter dans les milieux universitaires n'a malheureusement pas eu d'incidence sur les politiques nationales. Le « rapport Berg » de la Banque mondiale, qui a contrecarré le plan d'action de Lagos en jetant les bases des programmes d'ajustement structurel, s'est imposé à partir des années 1980 comme l'unique cadre

1. Jean-Pierre Dozon, *Frères et sujets*, *op. cit.*, p. 17.
2. Samir Amin, *Le Développement du capitalisme en Côte d'Ivoire*, Paris, Minuit, 1967.

d'analyse valable et recevable par les acteurs politiques et institutionnels. Il a infléchi la nature du débat. La plupart des universitaires africains, dont les Ivoiriens, affectés par les mesures dites de « redressement » des économies nationales, ont de ce fait basculé dans le camp des « experts en développement », quand ils n'ont pas choisi de s'engager dans la bataille politique.

L'actuel Président de la Côte d'Ivoire, Laurent Gbagbo, est l'un des rares chercheurs de sa génération qui ont pris le risque de s'opposer ouvertement et publiquement à la politique d'ouverture du « Père de la Nation ». Il ne s'est cependant pas désolidarisé de l'« ivoirité » telle qu'énoncée par le Président Henri Konan-Bédié. De la même façon que son prédécesseur, le général Robert Gueï, il l'a adoptée comme outil de positionnement politique et en en faisant également une arme de dénonciation de la politique migratoire du Président Félix Houphouët-Boigny.

De ce point de vue, l'« ivoirité » participe de la lutte contre l'« ordre ancien », dont certaines de ses victimes seraient nostalgiques :

> Au moment des indépendances, Houphouët décide de mettre en place une politique hégémonique tous azimuts dans la sous-région [...]. Un droit d'adoption a été offert aux résidents pour acquérir la nationalité du pays où ils vivent. En Côte d'Ivoire, le Président Houphouët est allé

> plus loin en introduisant un projet de loi instituant la double nationalité [...]. Cette proposition a été rejetée par l'Assemblée nationale d'alors. Mais le Président Houphouët a géré la Côte d'Ivoire comme si cette loi avait été effectivement votée et promulguée. Il donne tous les droits aux étrangers, y compris le droit de vote aux élections présidentielles et législatives [...]. Il nomme dans la haute administration, dans la haute hiérarchie militaire et policière, aux postes de ministres des hommes de toutes nationalités. Ainsi Abdoulaye Sawadogo, Amadou Thiam, Raphaël Saller ont été ministres en Côte d'Ivoire[1].

Cette lecture de l'héritage politique du Président Félix Houphouët-Boigny aboutit, en plus du rejet de l'houphouëtisme, à l'exclusion d'Alassane Dramane Ouattara, qui est censé recruter ses électeurs et électrices dans la communauté des « étrangers », étant présenté lui-même comme « étranger ». Mais, contrairement à Henri Konan-Bédié et à Robert Gueï, Laurent Gbagbo et ses partisans interpellent également la France et sa domination économique en Côte d'Ivoire, qui justifierait son soutien à la rébellion.

---

1. Nyamien Messou Nguessan, « La rébellion ivoirienne comme tentative de retour à l'ordre ancien », *Les Cahiers du nouvel esprit*, Cellule universitaire de recherche et de formation publique (Curfd), n° spécial, janvier 2005, p. 5.

Alassane Dramane Ouattara, dont la candidature à l'élection présidentielle est entravée par l'article 35 de la Constitution, stipulant que tout candidat à la magistrature suprême « doit être de père et de mère ivoiriens d'origine », n'est pas plus innocent dans l'instrumentalisation de l'« ivoirité ». Il a participé à sa manière, et le premier, à la stigmatisation des étrangers, mais dans une perspective économiciste et technocratique consistant à exiger d'eux une carte de séjour dont le paiement contribuerait à renflouer les caisses de l'État. Même s'il n'a jamais prononcé le mot « ivoirité », qu'on le veuille ou non, il a rendu la tâche facile à ses adversaires politiques et meurtri les ressortissants des pays voisins en leur rappelant leur origine étrangère. Le fait que lui, qui est directement visé par le fameux article 35, ait récemment fait la paix avec l'inventeur de l'« ivoirité », Henri Konan-Bédié, en dit long sur la capacité qu'ont les politiciens à manipuler l'ethnicité en fonction de leurs intérêts du moment. Il reconnaît à ce concept sa dimension première, qu'Henri Konan-Bédié sait faire valoir à l'occasion : « Je sais que le Président Bédié, en son temps, et le PDCI ont indiqué qu'il s'agissait pour eux d'un concept culturel qui a été dévoyé par la suite[1]. »

La leçon que l'on peut retenir de cette aptitude des opposants politiques à calmer le jeu est que la

1. *Jeune Afrique/L'Intelligent*, n° 2296, 2-25 janvier 2005.

dimension culturelle de la lutte pour le pouvoir politique et économique s'énonce en termes d'appartenance ethnique sur des bases antagonistes et conflictuelles. Elle est essentiellement le fait des élites qui, la plupart du temps, n'ont pas recours à la culture dans l'analyse et la formulation de leurs projets de société, quand elles en ont.

Le problème est que les antagonismes qu'elles déclenchent peuvent avoir des conséquences dramatiques et des séquelles profondes. Le travail de réconciliation passe par la prise en charge de la réflexion par une société civile non inféodée aux partis politiques, qui s'inscrive dans le long terme et puise dans l'histoire, l'économie et la sociologie de la Côte d'Ivoire et de l'ensemble de la sous-région ouest-africaine. De ce point de vue, l'analyse de Samir Amin apporte des éléments nouveaux.

Il rappelle que la mondialisation néolibérale ne fait que parachever une histoire économique qui a été marquée, de 1880 à nos jours, par un phénomène migratoire gigantesque, probablement plus important en termes relatifs que partout ailleurs, issu de la périphérisation capitaliste à laquelle l'Afrique est soumise :

> Le partage du continent, accompli à la fin du XXe siècle, donne aux colonisateurs les moyens

d'atteindre l'objectif du capital central. Cet objectif est partout identique : obtenir des produits d'exportation bon marché. Mais pour cela le capital central peut directement organiser la production sur place et y exploiter à la fois les ressources naturelles (en les gaspillant, en les pillant, c'est-à-dire en les payant à un prix qui ne permet pas la construction d'activités de remplacement lorsqu'elles sont épuisées) et le travail bon marché. D'autre part, la domination politique directe et brutale lui permet de limiter les faux frais de l'entretien de classes sociales locales, courroies de transmission, et de disposer de moyens politiques de coercition directs[1].

Samir Amin souligne :

> [L'émigration massive vers les pays côtiers a contribué] à mettre du travail (à bon marché) au service du capital là où il l'exigeait. La richesse de la Côte d'Ivoire a pour corollaire nécessaire l'appauvrissement de l'intérieur [...]. La balkanisation sera le terme ultime de l'économie de traite, les microrégions « bénéficiaires » n'ayant aucun « intérêt » à « partager » avec leurs réserves intérieures les miettes du gâteau colonial.

1. Dans le cas de la Côte d'Ivoire, l'économie de traite a pris appui sur l'échange de produits agricoles fournis par nos sociétés, réorganisées à cette fin « contre les produits d'une industrie capitaliste importés » ou créés localement par des entreprises européennes.

Les arrivants s'insèrent dans des sociétés d'accueil caractérisées par la coexistence pacifique, l'assimilation ou l'animosité.

Les migrations ainsi provoquées n'ont pas été entravées par les frontières d'État aussi longtemps que le cours des matières premières exigeait de la main-d'œuvre bon marché. En revanche, les décennies 1980 et 1990, caractérisées par la chute du prix du café et du cacao, ainsi que par la mise en œuvre des programmes d'ajustement structurel du FMI et de la Banque mondiale, marquent le début de l'intolérance et de la xénophobie.

La multiplication des conflits armés et la résurgence du phénomène des coups d'État, avec l'ethnie comme enjeu de pouvoir, résultent de ce long processus de démantèlement, de reconstruction des territoires et des repères, de décomposition et de recomposition des pouvoirs sous la colonisation et après l'indépendance.

Deux des défis les plus importants qui interpellent dès lors la classe politique sont, d'une part, celui de l'interprétation et de l'acceptation de l'autre et, d'autre part, la capacité de distinguer la responsabilité des simples citoyens de celle du système. L'idée selon laquelle les travailleurs frontaliers émigrent pour faire fortune en Côte d'Ivoire et en vue de construire leurs pays n'est pas toujours fondée.

Des États comme le Burkina Faso, le Mali, le Niger, etc., ont été désavantagés par rapport à ceux qui avaient pour vocation d'être des pôles économiques. Ils ont été plus ou moins laissés à l'abandon afin de servir de source de main-d'œuvre. Samir Amin affirme :

> On ne connaît aucune région du monde aussi vaste qui ait subi en un demi-siècle un transfert de population aussi important. Ce flux débute avec la colonisation à la fin du siècle dernier, mais jusqu'en 1920 il demeure exceptionnel et relativement lent, sauf en ce qui concerne la ceinture cacaoyère de Gold Coast. Au cours des années 1920 et 1930 il s'accélère lentement, pour prendre à partir de 1945-1950 des rythmes qui n'ont pas cessé de s'accélérer […]. Le coût du transfert provenant des migrations de l'intérieur vers la côte représente une perte annuelle que l'on peut estimer à plus de 7 % du PIB de l'ensemble des pays de l'intérieur (et de 20 % pour celui du Burkina Faso), un gain de l'ordre de 5 % du PIB pour l'ensemble des zones du littoral (et plus de 7 % pour la Côte d'Ivoire et le Ghana).

À présent, l'ensemble de la sous-région paie pour le modèle économique dont la Côte d'Ivoire était la vitrine. La Banque mondiale rapporte que, en prix constants, le cacao est passé de 2,40 euros le kilo en 1970 à 1,11 euro en 2001.

Au cours de la même période, le café arabica est passé de 4,09 euros à 1,42 euro, et le café robusta de 3,30 euros à 63 centimes. Le coton, quant à lui, a chuté de 2,25 euros à 1,09 centime. Le baril de pétrole flambait pendant ce temps, passant de 4,08 euros à 23,90 euros[1].

Tout est lié, Monsieur le Président. C'est ainsi que les pays producteurs de coton, en l'occurrence le Mali et le Burkina Faso, en même temps que les conséquences économiques et sociales de la crise ivoirienne, doivent supporter celles de la filière cotonnière. La combinaison des facteurs externes que sont, entre autres, la chute du prix de l'or blanc, la difficulté de le transformer localement du fait du coût exorbitant de l'énergie et la fin de l'accord multifibre engendre une situation sociale explosive que nous vous saurions gré de nous aider à gérer en des termes autres que l'organisation d'élections propres, libres et transparentes.

1. Banque mondiale, *World Development Indicators 2002*, Washington, p. 342 ; cité par Yves Ekoué Amaïzo, « Crises et rébellion dans le "pré carré" français », *Le Monde diplomatique*, janvier 2003, p. 20-21.

Le coton témoin

Le feu couve dans toute la sous-région ouest-africaine, Monsieur le Président, non parce que l'« ivoirité », en faisant fuir les Maliens, les Burkinabés, les Nigériens, ajoute aux difficultés financières, matérielles et sociales de leurs pays d'origine, mais parce que le commerce déloyal, qui sécrète le mépris de soi et la haine de l'autre, est à l'œuvre dans chacun de ces pays. La flamme embrase la Côte d'Ivoire, où sévit la crise économique et politique, mais elle est immanente au système néolibéral. Si bien qu'il est profondément triste de constater que certains pays, dont le Mali, sont encensés pour mieux stigmatiser la situation en Côte d'Ivoire.

Ce n'est que diversion. Les pays africains producteurs et exportateurs de coton se débattent dans les pires difficultés, dont la surproduction mondiale due aux subventions agricoles des États-Unis d'Amérique, de l'Union européenne et de la Chine à leurs producteurs, ainsi que la pression et le chantage des institutions de Bretton Woods. Cette situation démontre, s'il en était besoin, que l'ouverture au marché mondial par le biais des matières premières agricoles est synonyme d'appauvrissement, mais aussi d'aliénation, puisque les pays piégés ont du mal à envisager sérieusement des alternatives à l'ouverture, fût-elle mortifère.

Vous en souvenez-vous, Monsieur le Président ? À Johannesburg, j'étais l'une des participantes à la table ronde sur la diversité culturelle et la biodiversité organisée par l'Unesco et le Programme des Nations unies pour l'environnement, que vous avez coprésidée. Pour illustrer l'incompatibilité de la biodiversité et de la diversité culturelle avec le néolibéralisme, j'ai attiré votre attention sur les réalités de la filière cotonnière africaine, plus particulièrement concernant la situation du Mali, qui a redoublé d'efforts ces dernières années, au point de se hisser au rang de premier producteur du continent. Comme pour le café et le cacao en Côte d'Ivoire, le Mali hérite pour le coton d'une politique coloniale d'ouverture au marché qui lui coûte cher sur les plans économique, écologique, social et culturel. Commençons par ce dernier aspect.

Il y a quelques années, la visite d'un marché malien, notamment en milieu rural, était un réel plaisir. Il offrait de nombreux produits locaux, écologiquement sains : aliments frais (fruits, légumes, viande), cotonnade, vanneries, poteries, calebasses... Les formes et les couleurs des vêtements ne variaient pas à l'infini, mais permettaient de distinguer un groupe d'un autre et rendaient compte de savoirs et de savoir-faire d'une grande richesse. À présent, les vendeurs dogons, qui approvisionnent les villes en cotonnade, achètent des fripes dont ils inondent les villages.

Ainsi, bien qu'ils soient producteurs d'un coton écologiquement sain qu'ils transforment eux-mêmes en bandes de cotonnade dont ils tirent une part substantielle de leurs revenus, les Dogons dans leur grande majorité, comme le reste de leurs compatriotes, sont désormais vêtus de fripes. Nous sommes les canuts des temps nouveaux. Nous n'allons pas tout nus, mais vêtus de pied en cap des restes des nations repues. Le phénomène est particulièrement saisissant lors des fêtes et rassemblements villageois, où l'on a souvent du mal à savoir où l'on est si l'on s'en tient aux tenues vestimentaires. Ensembles de jogging, tee-shirts, casquettes, lunettes fumées sont arborés par les jeunes, ceux qui dansent comme ceux qui les regardent danser. La plupart de ces vêtements, qui nuisent autant à l'économie qu'à la diversité culturelle, affichent également des messages publicitaires que ceux qui les portent ne déchiffrent pas nécessairement. Mais peu importe : le pays dogon et le Mali tout entier, comme le reste du continent, entrent dans la mondialisation par le bas, en absorbant les déchets que vos pays riches auraient du mal à recycler sans nos comportements mimétiques et extravertis. La structure et la dynamique des marchés locaux, ruraux et urbains, en sont bouleversées.

Le phénomène est mondial, j'en conviens. Je me permets toutefois de rappeler l'une des dimensions appauvrissantes et aliénantes de l'ouverture au marché, qui nous est présentée comme incontournable. Si tel est le cas, l'Occident expansionniste et inconséquent peut s'attendre à des flux migratoires toujours plus importants, des gens déracinés culturellement par la faute d'une mondialisation irresponsable et stupide.

Dans un ordre mondial responsable et décent parce que respectueux des droits humains les plus élémentaires, la Côte d'Ivoire n'aurait pas eu à s'ouvrir les veines pour approvisionner le marché mondial de tant de cacao, de café et de bois, pendant que sa propre population, en majorité jeune, s'appauvrit de jour en jour, s'exile ou se réfugie dans la revendication ethnique, la religion et/ou la violence sous diverses formes.

Dans le même ordre d'idées, le Mali, pays sahélien et enclavé, ne se serait pas donné tant de mal pour produire une quantité considérable de coton, qu'il vend difficilement parce que ceux-là mêmes qui l'invitent à l'ouverture économique inondent le marché. Les Maliens n'auraient pas eu besoin de s'exiler en si grand nombre en France et ailleurs, ni d'endosser vos vieux vêtements, ni de dormir dans vos vieux draps dans l'espoir de rêver vos rêves. Les artisans-tisserands, Sénoufos, Peuhls ou Bamanans, qui peuplent encore nos campagnes et qui, de leurs mains, confectionnent des textiles de qualité, ne seraient pas en train de galérer à Bamako en attendant un improbable visa pour vos contrées. L'ordre économique dominant ne nous dépouille pas seulement des richesses de nos sols et de nos sous-sols, qu'il rétribue mal, Monsieur le Président. Il nous vole surtout notre âme et notre dignité, nous qui n'aspirons qu'à vivre debout. Nous nous mondialisons en vous imitant dans les moindres détails, en nous déguisant. C'est ainsi que vos grandes entreprises peuvent prospérer et gagner la bataille de la compétitivité. C'est ainsi que vous équilibrez vos balances des paiements en déséquilibrant les nôtres. Cette supercherie qui dure depuis trop longtemps, Monsieur le Président, n'autorise plus la communauté internationale, qui ne le sait que trop, à pleurnicher sur le sort de l'Afrique.

Elle ne vous donne pas davantage le droit de juger de nos démocraties et de nous dire comment nous devrions démocratiser nos sociétés. Dépossédés des richesses de nos sols et sous-sols, de nos savoirs et savoir-faire, nous ne serons plus dans un proche avenir que des peuples qui se saisiront des armes justes pour survivre.

Nous nous rendons compte qu'au Mali, quatorze ans après les violents événements de mars 1991 qui ont renversé le régime de Moussa Traoré et huit ans après la fin de la rébellion touareg, ces mouvements avaient un fondement éminemment économique. Faut-il rappeler que le soulèvement de la nuit du 18 au 19 septembre 2002 en Côte d'Ivoire était d'abord une mutinerie de soldats mécontents et anxieux quant à leur situation économique ?

Mais, tout comme dans la situation actuelle de la Côte d'Ivoire, le caractère contraignant et impopulaire des politiques économiques du FMI et de la Banque mondiale a été occulté. Les Maliens et Maliennes se sont ensuite mis à croire à des élections libres et transparentes, qui ont bel et bien eu lieu, régulièrement, sans entraves majeures. Cependant, les révoltés de mars 1991 attendent toujours des réponses crédibles au chômage, à la pauvreté, à la faim et aux maladies. Il faut craindre, Monsieur le Président, que l'évolution de la filière cotonnière ne réserve aux pays producteurs d'autres situations explosives.

Lors de votre dernier séjour au Mali, comme lors du XIIe Sommet de la francophonie à Ouagadougou (Burkina Faso), ainsi qu'en de nombreuses autres occasions, vous n'avez pas hésité à prendre fait et cause pour les pays concernés.

La France est, en effet, un pays producteur qui ne prend pas de risques : elle les fait endosser par ses anciennes colonies. Au Mali, au Bénin, au Burkina Faso, au Sénégal, au Tchad, au Togo, la filière obéit à peu près au même schéma : chaque société cotonnière nationale sert d'interlocutrice et de relais à la très puissante Compagnie française pour le développement des fibres textiles (CFDT), devenue Dagris (Développement des agro-industries du Sud), dont l'État français est le principal actionnaire. Comment pouvez-vous laisser des pays si vulnérables se battre pratiquement seuls contre l'OMC, d'un côté, et les États-Unis d'Amérique, de l'autre ?

Le processus qu'il est convenu d'appeler « coopération au développement » est indéniablement en régression, Monsieur le Président, si nous considérons l'évolution de ce secteur.

Le dispositif initialement mis en place assurait aux paysans des intrants, des facilités d'équipement, des crédits de campagne (récupérables par la CFDT lors de la commercialisation), ainsi que des prestations en matière d'alphabétisation, de soins de santé, d'eau potable et d'activités de promotion féminine. Pour une fois, il ne peut pas être reproché à nos pays de ne pas être compétitifs puisque les gains de productivité ont été spectaculaires, l'introduction de nouvelles variétés ayant fait passer la production de 500 kilos à l'hectare dans les années 1960 à 1 000 kilos à l'hectare dans les années 1990. L'amélioration des techniques d'égrenage et l'existence d'une main-d'œuvre abondante et bon marché, dont une majorité de femmes et de jeunes qui récoltent le coton-graine à la main, ont fait le reste.

Ainsi conçue et mise en œuvre, la filière cotonnière est devenue l'une des principales sources de devises de nombreux pays africains, notamment le Mali. En un demi-siècle, leur production est passée de 700 000 à 1,8 million de tonnes, avec un record pour les pays de la zone franc, dont la production est passée de 30 000 à 1 million de tonnes. Mais, concernant la campagne 2004-2005 qui s'annonce, les pays risquent d'enregistrer plus de 400 millions de dollars de pertes du fait des subventions agricoles, qui sont de l'ordre de 3 à 4 milliards de dollars par an pour les États-Unis d'Amérique, de 1,2 milliard de dollars pour la Chine et de quelque 700 millions de dollars pour l'Union européenne.

Le scandale du dumping du coton euro-américain ne suffit pas, à lui seul, à rendre compte des maux de ce secteur. Les réformateurs de la filière ont considérablement réduit le rôle de l'État et les acquis sociaux au nom de l'efficacité et de la rentabilité.

L'initiative sectorielle[1] en faveur du coton, que le Mali, le Bénin, le Burkina Faso et le Tchad ont

1. Le 30 avril 2003, quatre pays d'Afrique subsaharienne – le Bénin, le Burkina Faso, le Mali et le Tchad – ont déposé auprès du Comité de l'agriculture de l'OMC un document intitulé « Réduction de la pauvreté : initiative sectorielle en faveur du coton ».

introduite auprès de l'OMC en vue de supprimer les subventions, de réparer les préjudices subis et de réserver un traitement spécifique au coton africain, n'a pas abouti lors de la conférence ministérielle à Cancun (Mexique) en septembre 2003. L'administration américaine, condamnée en juin 2004 par l'OMC à la suite d'une plainte déposée par le Brésil, à laquelle le Tchad et le Bénin se sont associés, a fait appel et a perdu. L'Organe de règlement des différends (ORD) a en effet déclaré le 4 mars 2005 que les subventions agricoles sont illicites. Prenons acte de cette victoire politique et attendons la réaction de la très puissante administration américaine, qui continue d'ignorer la question de la réparation des préjudices financiers subis par nos pays. Mais cette condamnation ne garantit rien aux États de petits producteurs qui sont au bord du gouffre.

Il est indiscutable qu'une gestion irresponsable, l'ingérence des politiciens et la corruption ont occasionné des pertes importantes et servi d'alibi aux réformateurs qui, profitant de cette situation, tentent de minimiser le caractère déloyal du commerce mondial. Les marges de manœuvre de nos négociateurs en sont réduites quand ils sont face à vos experts et négociateurs. Ceux-ci occultent le fait que les stratégies d'investissement et de commercialisation, qui ont encouragé la mauvaise gestion et la corruption interne à la Compagnie malienne de développement des fibres textiles

(CMDT) dans le cas du Mali, engagent également la responsabilité de Dagris, qui détient 40 % du capital et participe à la gestion de la société.

La très riche et démocratique France tire, de toutes les manières, du coton malien et africain en général plus de profit que nos paysans, dont le sort tragique n'échappe à personne. N'est-ce pas Dagris qui organise la vente sur le marché mondial ? N'est-ce pas cette même compagnie qui, dans une large mesure, assure directement, ou à travers ses filiales, l'équipement des sociétés cotonnières africaines en usines, camions et autres ? En outre, la corruption qui a miné la filière cotonnière malienne a précisément été perpétrée dans le cadre de l'achat des usines, la plupart du temps effectué par le canal de Dagris ou par le biais de ses fournisseurs, bien que garanti par l'État malien. Il est même arrivé au conseil d'administration de la CMDT d'accorder des dérogations pour des marchés de gré à gré au profit de la CFDT/Dagris.

En somme, le Mali et la France sont actionnaires, c'est-à-dire alliés dans ce secteur, sans qu'il en découle un véritable devoir de solidarité de la part de votre pays. Le lâchage a été manifeste lorsque, en pleine crise de trésorerie, la CMDT s'est mise à rechercher les fonds nécessaires à la campagne 2001-2002. Elle n'a pas voulu assumer sa part de responsabilité d'actionnaire, à moins de prendre position sur la production qui est censée lui appartenir, ainsi qu'à la CMDT. Cette attitude lui a permis de disposer du coton au prix du jour et de le revendre plus cher par la suite. D'autres pays partenaires du Mali ne cachent pas leur indignation face à cette situation qui fait que, en aidant le Mali, ils aident la France, actionnaire à 40 %.

Comment voulez-vous, Monsieur le Président, que nos pays vivent à l'abri de la violence et de l'intolérance qui exacerbent la haine de soi et de l'autre quand l'ouverture au commerce mondial tourne à l'« arnaque » dans tous les secteurs ?

Lors de la conférence ministérielle de l'OMC à Doha (Qatar), en novembre 2001, juste deux mois après la tragédie du 11 septembre, la France a pris, au même titre que les autres pays industrialisés, l'engagement de corriger les injustices qui caractérisent le commerce mondial. Nous sommes bien loin du compte, Monsieur le Président, lorsque nous considérons le niveau actuel de l'aide et vos pratiques, aux uns et aux autres, États-Unis d'Amérique en tête.

Il est particulièrement préoccupant de constater que, en plus des subventions agricoles qu'ils n'ont aucunement l'intention de supprimer, alors que l'Union européenne fait l'effort nécessaire avec les producteurs grecs et espagnols, les États-Unis d'Amérique veulent coûte que coûte nous imposer un coton génétiquement modifié. Ils seront ainsi gagnants sur toute la ligne : les intérêts de leurs 25 000 cotonculteurs qui profitent des subventions agricoles et ceux des multinationales (Monsanto, Syngenta et Dow Chemicals) seront saufs. Nous qui n'avons pas les moyens d'éduquer nos enfants, d'accéder à l'eau potable ni aux antirétroviraux, en serons alors réduits à acheter les semences agricoles, qui étaient parmi les rares biens qui nous restaient.

Après avoir convoqué nos chefs d'État à Ouagadougou pour qu'ils s'imprègnent des « bienfaits » de la biotechnologie, l'administration américaine poursuit son offensive à travers la très puissante Usaid (l'Agence des États-Unis pour le développement international), qui parraine des chercheurs de l'Institut d'économie rurale (IER) du Mali pour conduire, semble-t-il, au cours des cinq années à venir, les premiers tests, tandis que le Burkina Faso est engagé depuis juin 2003 dans l'expérimentation.

Le comble du cynisme consiste, de mon point de vue, à pousser deux pays sahéliens voisins, vulnérables sur les plans économique et écologique, qui se sont déjà fait la guerre, à s'affronter sur le terrain de la productivité, fût-ce au prix du risque inhérent aux OGM, alors qu'ils ont déjà du mal à écouler ce qu'ils produisent.

Les États-Unis d'Amérique, qui nous déclarent cette guerre sournoise en ruinant notre agriculture et en nous dépossédant de notre patrimoine génétique, n'hésitent pas, en revanche, à équiper nos armées dans leur lutte contre le terrorisme. « Les 23 et 24 mars 2004, les chefs d'état-major de huit pays (Tchad, Mali, Mauritanie, Maroc, Niger, Sénégal, Algérie, Tunisie) ont, pour la première fois, participé à une discrète réunion au siège du commandement européen de l'armée américaine (US-Eucom), à Stuttgart[1]. » L'aide des grandes puissances va là où elle sert le mieux leurs intérêts : le territoire dont la bande sahélienne serait l'une des zones privilégiées et le pétrole dont regorgent nos sous-sols, du Maghreb au golfe de Guinée, justifient le bond actuel des États-Unis en matière de « coopération » militaire. L'aide qui a été organisée dans le cadre du programme d'assistance militaire « Initiative pan-Sahel » et qui a démarré en novembre 2003 a été dotée, en 2004, de 6,5 millions de dollars. « Quelque 250 tonnes de matériels divers et 350 soldats ont été acheminés dans la région par un pont aérien de deux semaines à partir de la base aérienne de Rota, en Espagne[2]. »

Ces données ne constituent qu'un aspect du dispositif américain qui est en train de se conso-

1. Pierre Abramovici, « Activisme militaire américain », *Manière de voir* (*Le Monde diplomatique*), février-mars 2005, p. 65.
2. *Ibid.*

lider sur le continent. Nous sommes assurément bien « protégés », Monsieur le Président, si nous y ajoutons les quelques milliers de soldats français stationnés au Sénégal, au Liberia, en Côte d'Ivoire, au Tchad, en Centrafrique, à Djibouti, au Congo et au Gabon. Nous, les populations civiles, en l'occurrence les femmes et les enfants, sommes assurément « protégés » contre tout sauf ce dont nous avons peur et dont nous souffrons : la convoitise et la violence des puissants de ce monde. Avouez que le comportement observé durant l'opération « Licorne » nous donne raison.

Je ne me suis attardée sur le Mali, Monsieur le Président, que pour vous dire, ainsi qu'à Tony Blair et à vos autres homologues du Nord, que la communauté internationale ne pourra en aucun cas éviter le scénario ivoirien si elle continue à jouer avec le feu en jouant avec nos destins.

Savez-vous que dans la foule qui vous acclamait à votre arrivée à Tombouctou, au Mali, en octobre 2003, des tee-shirts à votre effigie en côtoyaient d'autres à l'effigie de Ben Laden ? C'est ainsi, Monsieur le Président, que, avides de vie et de justice, les gens ordinaires dans nos contrées les plus reculées se saisissent du monde, des hommes qui le font et/ou le défont, en les investissant de leurs espérances, avant de s'engager, parfois à corps perdu, dans la lutte pour un monde meilleur, sur terre ou dans l'au-delà.

Aussi, en dehors de vos interventions – auprès de l'Organisation mondiale du commerce, par exemple, pour que les pays africains aient gain de cause s'agissant de la dénonciation des subventions agricoles, ou auprès des institutions de Bretton Woods pour leur éligibilité à l'initiative « Pays pauvres très endettés » (PPTE) –, moi, je vous demande tout simplement de vous pencher à nouveau sur la situation de notre continent que vous voulez tant défendre, en vous disant que le libre-échange n'est pas nécessairement une réponse appropriée aux maux d'une région pillée, y compris par la France, et qui n'a pas son mot à dire quant à la fixation des prix du peu qui lui resterait à vendre. Faites-le de manière rigoureuse, puisqu'il s'agit d'une partie de votre bilan, en nous laissant, au sein de nos pays et de notre région, la marge de manœuvre dont nous avons besoin, tant dans l'analyse de notre situation que dans la définition des réformes dont nos économies et nos sociétés ont réellement besoin. C'est alors, et alors seulement, que nous ferons un excellent usage des fonds que vous voulez mobiliser en notre nom.

Éthique et coopération

Fermeté jusqu'à l'intransigeance à Abidjan, laisser-faire à Lomé : où est la cohérence ? Où est la morale de la politique africaine de la France ?

Que faire des accords de Linas-Marcoussis et d'Accra III, dont vous et vos homologues africains et non africains exigez l'application totale et stricte sous peine de sanctions ?

La mort subite du Président togolais n'arrange assurément pas les affaires de la France en Afrique, dans la mesure où elle éclaire davantage notre lanterne quant à votre conception de la démocratie dans vos anciennes colonies. Le Président togolais aura régné trente-huit années durant, sans partage, grâce au soutien inconditionnel des gouvernements successifs de l'Hexagone, de gauche comme de droite.

En Afrique, en France et ailleurs dans le monde, les gens s'indignent et dénoncent ce soutien – et, de manière plus générale, votre comportement néocolonial. En réalité, dans ce cas comme dans celui de la Côte d'Ivoire, le mal est plus profond et il n'est pas qu'africain. C'est l'ordre économique dominant qui révèle son incapacité à respecter les droits économiques et politiques des Africains.

L'économie néolibérale, prétendument ouverte, et le système politique dit démocratique qui l'accompagne imposent à leurs clients États des orientations qui n'ont strictement rien à voir avec ce que les peuples d'Afrique attendent de leurs dirigeants. À partir de là, ce ne sont pas les régimes africains qui sont antidémocratiques : c'est la source dont émanent les recettes économiques et politiques qui est polluée. Or, souligne José Saramago, « purifier les eaux de la rivière qui traverse la ville ne servira à rien si le foyer de la contamination se trouve à la source[1] ». Nous sommes loin de la clarté et de la limpidité de la rivière Mouya Yara, et des questions que je me posais sur le manque de cohérence entre vos prises de position sur la scène internationale et la politique africaine de la France.

La dénonciation des maux de la planète, au Sommet de la Terre à Johannesburg, à ceux de la francophonie, des chefs d'État francophones, à New York, concernant une taxe internationale sur les capitaux, etc., fait partie de la cure dont le système capitaliste a besoin pour continuer à prospérer. Vous essayez de crever certains abcès afin

1. José Saramago, « Que reste-t-il de la démocratie ? », art. cité.

que le malade puisse mieux se porter – et, peut-être, changer de comportement en acceptant de redistribuer une infime partie de ses énormes gains. La taxation des flux internationaux, si elle marche, réconciliera les laissés-pour-compte avec la mondialisation néolibérale, qui, au lieu d'être l'ogre que l'on connaît, deviendra le Père Noël. Et les affaires pourront continuer, comme d'habitude.

Pourquoi l'Afrique vous importe tant ? Parce que la misère qui y règne met à nu la nature prédatrice et destructrice de la mondialisation dans sa dimension française.

Est-elle différente du reste du système ? Elle a ses spécificités : les relations d'amitié personnelle qui peuvent être sincères et auxquelles les chefs d'État africains tiennent tant, dans tous les cas, constituent la meilleure garantie des intérêts des grands groupes français. Un coup de fil à l'un de vos homologues africains peut tirer d'affaire une entreprise ne respectant pas les termes de ses contrats, qu'il s'agisse d'eau, d'électricité, de téléphonie ou autres. Vos interventions peuvent surtout faire pencher la balance dans le sens des intérêts de Bouygues, Bolloré, France Telecom, etc., en cas d'appel d'offres.

La crise ivoirienne est particulièrement révélatrice de cette réalité, qui n'est un secret pour personne mais qui se manifeste généralement en douceur et dans la discrétion. La francophonie a évolué au fil du temps pour devenir un bel instrument de coopération qui sert mieux les intérêts commerciaux et financiers de la France et d'autres nations riches et industrialisées du Club de Paris que les aspirations des peuples à davantage de justice sociale et économique. Cela m'est apparu clairement à Hanoi, où j'ai participé, en tant que ministre de la Culture et du Tourisme de mon pays, au Sommet de la francophonie. Je me suis rendu compte que la dimension culturelle de la coopération est devenue nettement secondaire par rapport à l'offre et à la demande d'investissement des différents protagonistes. Le marché a envahi tous les espaces et s'est emparé des esprits en faisant passer la logique du profit avant la coopération, qui aurait pu permettre aux plus nantis de venir en aide, effectivement, aux démunis.

Dès lors, est-il étonnant que plus le Nord coopère avec le Sud, plus celui-ci s'appauvrit ? Êtes-vous persuadé, Monsieur le Président, que, en se substituant à l'État français et aux États ivoirien, togolais, malien, vos grands groupes puissent répondre aux aspirations des populations et à leurs besoins ?

Nous sommes ici au cœur du débat sur l'éthique en matière de coopération. À quoi a-t-elle servi jusqu'ici ? À quoi sert-elle à l'heure de la mondialisation ? L'Afrique noire constitue-t-elle un boulet au pied de la France ou un débouché pour ses capitaux, lui garantissant un juteux retour sur investissement concernant ses biens et services, qui y trouvent des consommateurs nécessiteux et avides de tout, et lui permettant de résorber le chômage ? Qui aide qui ? Qui s'appauvrit pendant que l'autre s'enrichit ? Que sait l'opinion publique française de ces mécanismes de ponction qui clochardisent la jeunesse africaine et la condamnent à émigrer ?

Ne se moque-t-on pas des peuples d'Afrique en érigeant en critères de bonne gouvernance et de démocratie des réformes économiques et institutionnelles qui garantissent à vos entreprises l'environnement juridique favorable à leurs affaires ? Les taxes et impôts que les entreprises françaises paient aux États africains suffisent-ils à compenser les préjudices économiques, financiers et moraux liés à une coopération qui nous a poussés à privatiser, c'est-à-dire à liquider la quasi-totalité de nos entreprises publiques ? Nous nous sommes endettés, Monsieur le Président, pour créer la plupart de ces unités qui ont été bradées au nom de la bonne gouvernance, de la transparence et de la compétitivité. Quand je dis « nous », je pense aux femmes de la campagne, aux personnes âgées, aux enfants qui, en plus du service de la dette, doivent contribuer au paiement des médicaments, de l'eau potable, de l'assainissement, alors que nos produits de base sont mal rémunérés et les emplois rares.

L'expansion du capitalisme français peut-elle se poursuivre sans saigner davantage l'Afrique des paysans, des travailleurs, des petits commerçants, des femmes, des enfants ? La France peut-elle relever le défi de la compétitivité sans les liens d'amitié qui, dans son pré carré, lui permettent de se positionner en ne rendant de comptes ni au peuple français ni aux peuples africains ?

Où est la démocratie quand la France offre chez elle un climat politique et social autorisant le débat, la résistance, la quête de solutions de rechange, alors qu'elle nous enferme, nous, Africains, dans une rhétorique figée sur la pauvreté, pauvreté que le néolibéralisme exacerbe ?

Il est des domaines où les fausses promesses tuent plus qu'ailleurs : la pandémie du sida en est un.

Nous ne pouvons que nous réjouir de l'instauration de la taxe internationale pour laquelle vous plaidez, dans la mesure où l'Afrique abrite les deux tiers des victimes du sida, que vous nous proposez de combattre. Nous avons survécu à bien des périls – la traite négrière, la colonisation, les famines, les épidémies, les sécheresses, les inondations, les criquets pèlerins –, mais le sida pourrait être le « drame final ».

Cette pandémie qui menace notre existence, celle des générations à venir, est génocidaire et doit être traitée comme telle. Ses victimes n'ont pas le temps d'attendre et n'ont que faire des effets d'annonce : 5 millions de personnes infectées en un an ; 3,5 millions de décès ; 42 millions de personnes vivant avec le virus.

La pandémie n'aurait certainement pas pris l'ampleur qu'elle a aujourd'hui si l'emploi, l'éducation, la santé et l'agriculture n'avaient pas été dans l'état lamentable qui les caractérise. Aussi la poursuite des politiques économiques néolibérales qui ont littéralement miné ces secteurs est-elle plus que de la non-assistance à des centaines de millions de personnes en danger : il s'agit d'un crime contre l'humanité.

Kalifa, Seydou, Kadidia, Camara… la liste des absents est longue, interminable. De leur vivant ils m'étaient chers et le restent. Je les ai vus courir à la recherche de médicaments et mourir en nous laissant leurs enfants. Nous devons nous battre rien que pour eux.

L'élite formatée

Engoncés dans leur costume-cravate, bardés de vos instructions, de Bamako à Brazzaville en passant par d'autres capitales et les bureaux climatisés de plusieurs institutions monétaires, certains Africains, politiciens et hommes d'affaires, ne décolèrent pas, Monsieur le Président. Je les indispose en m'adressant directement au Grand Chef blanc, baptisé « Serigne » au Sénégal, « Chef hogon » et « Grand Chef peuhl » au Mali. Les questions de coopération sont des affaires sérieuses qui se discutent entre hommes. À nous, les femmes, notamment les Noires, de colmater les brèches – depuis la traite négrière jusqu'à la mondialisation marchande. Et puis, qui m'a mandatée ? Eux, ils sont élus, c'est-à-dire reconnus par leurs concitoyens, mais surtout par vous, les puissants de ce monde.

L'éveil des consciences est leur cauchemar : comment pourraient-ils continuer à se servir eux-mêmes en servant fidèlement le système s'ils n'avaient plus la confiance des électeurs ? Mais pouvons-nous continuer à la leur accorder au regard de la rapidité avec laquelle ils s'enrichissent, pendant que la majorité de leurs compatriotes croupissent dans la misère, et de l'impunité dont ils jouissent en se maintenant coûte que coûte au pouvoir, tout en s'aménageant une sortie honorable ?

En Côte d'Ivoire, où la succession du Président Félix Houphouët-Boigny nous vaut tant de drames, au Togo, où celle du Président Eyadema risque d'être houleuse, tout comme dans les autres États où des élections sont en vue, les questions que nous devons nous poser sont : le pouvoir, pour quoi faire ? Un scrutin bien organisé est-il une fin en soi ? Y a-t-il lieu de mettre l'Afrique à feu et à sang quand la voie tracée mène nécessairement et systématiquement au marché de dupes qui nous est présenté comme unique horizon ?

En bamanan, les hommes de pouvoir sont les « gens de devant », c'est-à-dire des éclaireurs et des traceurs de sillons. Ils ont, en principe, une bonne connaissance des réalités de leur peuple et une idée de la direction à suivre pour aller de l'avant, *niêta*.

Mais, acquises à vos valeurs, une bonne partie des élites (faut-il les appeler ainsi ?) sont persuadées qu'elles n'ont rien à faire d'une pensée africaine de la politique et de l'économie. Elles reconduisent le discours dominant selon lequel l'état de dénuement matériel et l'impécuniosité résultent de l'inefficacité de nos cultures. Les « bons élèves » des institutions internationales de financement se recrutent parmi cette catégorie d'élites. Ils refusent d'admettre que vos propres démocraties sont dans l'impasse.

Mais la France, la francophonie, l'Union européenne et autres ne font rien pour que nous puissions ne serait-ce qu'ébaucher une pensée politique qui soit intelligible pour la grande majorité des Africains, de telle sorte qu'ils soient à même de se reconnaître dans les valeurs que la classe politique défait.

Les puissants de ce monde nous mentent et, malheureusement pour nous, nos dirigeants, qui sont vos relais, nous mentent tout autant et sur toute la ligne, qu'il s'agisse de réformes politiques ou d'économie – à moins qu'on ait affaire à des erreurs grossières, ce qui serait inadmissible eu égard à la gravité de la situation.

Vous vendez à l'Afrique un système économique odieux, si nous nous référons à la détresse des travailleurs de Metaleurop, Daewoo, Air Lib, Tati, Alstom, etc. Vous nous vendez, de surcroît, une démocratie qui est d'autant plus défaillante sous nos cieux que les forces syndicales, sociales et politiques qui devraient l'orienter sont faibles, voire inexistantes.

Après la conférence de La Baule (1990), votre pays, qui s'était accommodé de la non-existence en Afrique de partis politiques, d'une société civile, de médias indépendants et de toute autre forme de contre-pouvoir, a exigé l'ensemble de ces ingrédients de la démocratie occidentale sans questionner sa propre part de responsabilité dans la fabrication et le maintien au pouvoir des dictateurs africains. La France et les autres gagnants de la guerre froide ont ensuite fait monter nos pays à bord d'engins électoraux détraqués, dangereux, mais dont notre classe politique a du mal à voir les défaillances. Tout se passe comme dans le domaine du transfert de technologies : nous sommes preneurs de solutions clés en main (jamais en tête). Elles sont obsolètes et, de tout point de vue, coûteuses, y compris en vies humaines lorsqu'on considère la République démocratique du Congo, la Côte d'Ivoire et tous les autres pays déstabilisés au nom d'une alternance politique sans autre objectif que la sauvegarde des intérêts de vos multinationales.

L'industrie électorale est devenue une nouvelle dimension de la « coopération au développement », faite d'un savant mélange entre affaires et droits humains. Elle a ses conditions (la transparence), ses experts (les observateurs), ses bailleurs de fonds (vos États, vos milieux d'affaires, vos fondations)... Y a-t-il lieu, dans de telles circonstances, de recourir aux sanctions économiques de l'Union européenne et à celles du Conseil économique et social des Nations unies pour mettre de l'ordre dans un système si fondamentalement vicié ?

La démocratie occidentale que la francophonie, l'Union européenne, le G8 et autres veulent pour le

Sud, et plus particulièrement pour l'Afrique, est, en somme, une grande malade qui s'ignore. Elle « est entrée dans une étape de transformation rétrograde qu'elle est incapable d'arrêter, et dont les conséquences prévisibles seront sa propre négation. Nul besoin que quiconque prenne la responsabilité de la liquider, elle-même se suicide tous les jours[1] ».

Cette réalité, le monde entier peut la vérifier au niveau du continent noir, où, du fait de son mépris et de l'impunité dont il jouit, l'Occident agit à visage découvert.

Nous devrions au moins reconnaître que la démocratie est certainement le moins mauvais de tous les systèmes, mais que veulent dire « retour à la démocratie », « rétablissement de l'ordre constitutionnel », etc., quand les politiques économiques conçues sont contraires aux attentes des populations en termes d'emploi et de revenu ? L'application totale des accords de Linas-Marcoussis et d'Accra III par la Côte d'Ivoire et le retour à l'ordre constitutionnel au Togo mettront-ils les peuples ivoirien et togolais à l'abri des mécanismes de paupérisation qui sont à l'œuvre, dont les conditions ont été créées et sont entretenues par la démocratie libérale ? Les peuples africains peuvent-ils mettre un terme à cette descente aux enfers sans s'inviter dans le débat politique en

1. José Saramago, « Que reste-t-il de la démocratie ? », art. cité.

France ? N'y a-t-il pas lieu et n'est-il pas temps, pour les parlementaires français, de se pencher davantage sur la politique africaine de la France, qui reste la chasse gardée de l'Élysée et de Matignon ?

La Côte d'Ivoire est l'un des pays où vous auriez pu prouver le contraire, s'il en était autrement. Son implosion, comme le souligne l'écrivain sénégalais Boubacar Boris Diop, est un avertissement – tant pour les dirigeants africains qui continuent à se faire des illusions quant aux promesses du système que pour leurs maîtres à penser.

Le tort des libéraux africains est de perdre de vue le fait que les réalités économiques, politiques et géostratégiques qui prévalent ne font d'eux que des relais et des gendarmes de la protection des intérêts des multinationales et, depuis le 11 septembre 2001, de la lutte contre le « terrorisme ».

Le système capitaliste a ainsi gagné en habileté et en efficacité, puisque, dans la débandade généralisée qu'il a créée à l'échelle de la planète, ses représentants parviennent à convaincre non plus une partie, mais la quasi-totalité de la classe politique africaine de la nécessité de démanteler elle-même nos économies et, en cas d'implosion, de réprimer. Au sein de la kyrielle des partis politiques (une moyenne de 50 à 100 par pays), il n'est généralement question ni de gauche ni de droite, mais d'atteindre le sommet et de disposer à sa guise des institutions, ainsi que des ressources. Comment voulez-vous, puisqu'il ne s'agit pas d'idéal de société mais de prédation, que ceux qui luttent pour le pouvoir ne fassent pas appel à l'ethnie et à la religion comme moyens et lieux de recrutement des membres de leurs troupes ?

La situation qui prévaut en Côte d'Ivoire n'est, encore une fois, en rien une affaire intérieure et spécifique à ce pays, ni même à la Françafrique : elle est le reflet du monde tel qu'il est en ce début de XXIe siècle. De même que les citoyens ordinaires de France, d'Europe et d'Amérique vous demandent, à vous, leurs « gens de devant », de droite comme de gauche, de revenir à eux quand ils vous voient aux ordres des multinationales, de même la société civile africaine critique est exaspérée par ses dirigeants qui vont chercher des directives auprès de vous.

Je me souviens qu'à Johannesburg, lorsque j'ai chatouillé la susceptibilité des officiels africains en soutenant qu'ils auraient pu profiter de la brèche que vous aviez ouverte en critiquant la mondialisation néolibérale pour rendre compte de l'ingouvernabilité de nos pays sous ajustement, l'un des membres de la délégation ivoirienne n'a pas manqué de me rappeler :

> Vous parlez de notre refus de débattre ouvertement du coût trop élevé de la mondialisation économique. Ce n'est point parce que nous l'ignorons, c'est parce que nous avons peur, ma sœur. M. Jacques Chirac peut, en tant que premier responsable d'une puissance économique

comme la France, prononcer les paroles que nous venons d'entendre ici de sa part sans qu'il lui en coûte quoi que ce soit. Si un dirigeant africain se hasarde, dans les circonstances actuelles, à en faire autant, son pays en fera les frais d'une manière ou d'une autre.

Tout se passe, en effet, comme si vous étiez le Président élu de la France et le Président non élu des pays francophones d'Afrique.

Face à cette évolution du politique chez vous et chez nous, il importe de revisiter le défi lancé par le Président Félix Houphouët-Boigny, il y a près de cinquante ans, au Ghanéen Kwame Nkrumah, quand il lui disait, lors de son passage à Abidjan en route pour la Guinée :

> Près de nous vient de naître un nouvel État indépendant, peuplé d'autochtones [...]. Nous ne pouvons pas ne pas souhaiter bonne chance à notre voisin de l'Est, auquel nous attachent tant de liens. Nous suivrons avec intérêt son audacieuse expérience. Un pari est donc ouvert entre nos territoires, l'un ayant choisi l'indépendance, l'autre préférant la voie difficile de la construction avec la métropole d'une communauté d'hommes égaux en droits et en devoirs [...]. Dans dix ans, nous comparerons nos résultats[1].

1. François Mitterrand, *Présence africaine et abandon*, Paris, Plon, 1957.

Dix années plus tard, le leader ivoirien avait effectivement gagné son pari. Mais à présent, alors qu'il aurait pu dormir en paix pour l'éternité, il est interpellé pour avoir joué la carte du marché mondial, lequel se révèle de plus en plus déloyal, mais aussi pour avoir mal préparé, ou pas du tout, sa succession et n'avoir pas laissé émerger les contre-pouvoirs qui auraient pu construire la résistance autour d'un enjeu autre que l'ethnie.

Les élites intellectuelles et politiques d'Afrique ont le devoir moral de revisiter sans complexe ni crainte aucune les périodes charnières des années 1960 et 1970, et de s'interroger sur les causes véritables des échecs et des coups d'État.

Il s'agit, au-delà des qualités et des défauts des acteurs politiques, de comprendre que le système mondial finit par réduire au chômage et au désespoir les peuples ivoirien, malien, sénégalais, ghanéen, kenyan, etc.

Certes, il s'avère que la plupart des dirigeants déchus ont mécontenté leur peuple du fait des inégalités sociales. Mais ils ont surtout payé pour avoir pris des positions contraires aux intérêts des anciennes puissances coloniales.

Le premier Président malien, Modibo Keita, par exemple, qui a certainement commis des erreurs mais que la plupart des Maliens et Maliennes éclairés regrettent aujourd'hui, a été traité de dictateur et renversé pour cette raison par le lieutenant

Moussa Traoré, lequel a fini son règne dans un bain de sang, haï et traité à son tour de dictateur par la quasi-totalité de ses compatriotes. Débarrassé de deux « dictateurs » auxquels a succédé un « démocrate sincère », en la personne d'Alpha Oumar Konaré, qui a repassé le témoin à Amadou Toumani Touré en 2002, le Mali n'en est pas moins le cent soixante-troisième pays sur cent soixante-dix-sept classés par le Pnud sur l'échelle du développement humain...

Faut-il réellement continuer à vous suivre, comme le font nos dirigeants dans leur immense majorité ? Et pourraient-ils se soustraire à votre emprise sans en payer le prix ? Votre attitude à l'égard de l'équipe en place en Côte d'Ivoire n'est-elle pas faite pour décourager toute remise en question du *statu quo* ?

Aussi sommes-nous nombreux aujourd'hui à regretter la plupart de ces pères des indépendances que certains d'entre nous avaient commencé à juger sévèrement et à condamner, en se référant à vos normes économiques et politiques. Nous rendons un hommage particulier à ceux qui, du nord au sud du continent, ont su résister – comme Patrice Lumumba, Modibo Keita, Kwame Nkrumah, Ahmed Ben Bella, Gamal Abdel Nasser, Amilcar Cabral, Thomas Sankara... Ils ont, pour la plupart, été qualifiés de dictateurs avant d'être déstabilisés, quand ils n'ont pas payé de leur vie l'audace d'avoir résisté.

Il est bien naturel que nous nous posions des questions sur le titre de « dictateurs » que l'Occident décerne aux dirigeants non européens qui touchent à ses intérêts, alors qu'il en hisse d'autres sur un piédestal, quel que soit le jugement négatif de leur peuple.

On ne peut que donner raison à Jean-François Bayart lorsqu'il écrit :

> Du rêve impérial de la fin du XIXe siècle à la retraite en bon ordre de la décolonisation et à la gestion conservatoire de la coopération, la continuité a été évidente. Au moins dans les deux dernières phases de ce continuum, la France a usé de sa prépondérance au sud du Sahara pour redéployer des intérêts à l'échelle mondiale[1].

Mais, eu égard aux exigences de la construction européenne et de la compétition à l'échelle mondiale, la France peut-elle envisager ses rapports à nos pays sur une base autre que des retours rapides et juteux sur investissement ? La stabilité de l'euro, la paix sociale que vous recherchez dans l'intégration de vos économies peuvent-elles se passer de l'exploitation de l'Afrique et du Sud en général ?

---

1. Jean-François Bayart, « Fin de partie au sud du Sahara. La politique africaine de la France », *in* S. Michaïlof (éd.), *La France et l'Afrique : vade-mecum pour un nouveau voyage*, Paris, Karthala, 1993, p. 112.

Le discours du secrétaire général de l'ONU, Koffi Anan, à la conférence de Cancun l'atteste

> On nous dit que le libre-échange offre à tous de nouvelles perspectives, non pas seulement à une poignée de nantis.
>
> On nous dit qu'il ouvre la voie à une vie meilleure, et permettra d'éliminer la pauvreté et le désespoir.
>
> Et l'on nous fait espérer que le cycle des négociations commerciales en cours permettra de tenir ces promesses.
>
> Malheureusement, la réalité du système commercial international actuel ne correspond pas aux discours.
>
> Au lieu de marchés libres, les barrières, trop nombreuses, entravent les échanges, étouffent le commerce et causent la famine.
>
> Au lieu d'une concurrence loyale, les subventions, accordées par les pays riches, faussent le jeu au détriment des pauvres[1].

À quel besoin répondent, dans ce cas, les élections « libres » et « transparentes » qui sont prévues dans le cadre des accords de Linas-Marcoussis et d'Accra III ?

Au Mali, comme vous pouvez le constater, il ne nous manque ni le droit de vote, ni la liberté

1. Message du secrétaire général de l'ONU à la conférence ministérielle de l'OMC de Cancun, septembre 2003.

d'expression et d'association, ni un parlement – ces référents politiques en fonction desquels vous statuez, en ce moment, sur la situation de la Côte d'Ivoire. Il nous manque, en revanche, le type de *leadership* qui fait des élus des « gens de devant », capables de comprendre la détresse de notre peuple et d'agir dans le sens de ses intérêts. Il en est certainement de même pour la quasi-totalité des pays africains. Le système économique dominant nous vole nos ressources et nos élus.

Partenariat : flux et reflux

« Partenaire » est l'un de ces mots dont nous nous gargarisons en Afrique. Chacun l'emploie, monte un projet et scrute l'horizon en espérant que du Nord viendra le généreux donateur dont « Partenaire » est le nom. Il en est de même des États qui ont, sur cette base, créé le plus ambitieux et le plus libéral des projets régionaux, baptisé « Nouveau Partenariat pour le développement de l'Afrique » (Nepad).

Vous êtes, Monsieur le Président, l'un des défenseurs de ce projet, dont le financement tarde à se concrétiser, bien qu'il ait été salué par la quasi-totalité des puissants de ce monde. De G8 en G8, les pères du Nepad vous présentent leur produit et repartent avec de fausses promesses.

Et voici que, le 26 décembre 2004, le tsunami s'abat sur l'Asie du Sud-Est, avec des répercussions sur les côtes de l'Afrique de l'Est.

Les images de cette catastrophe dont vos médias ont inondé le monde, Monsieur le Président, avaient la force des vagues géantes que la mer, dans sa rage, avait crachées sur les plages paradisiaques bordant l'océan Indien, submergeant les hôtels luxueux, les villes, villages et hameaux. Violents, les flux et reflux charriaient, pêle-mêle, des corps d'humains qui, jusque-là, se pensaient riches, moins riches ou pauvres, « touchables » ou « intouchables » du fait de leur appartenance ethnique, religieuse ou autre.

L'élan de solidarité sans précédent que ces images ont suscité s'est traduit par la mobilisation de 10 milliards de dollars en faveur des victimes en moins de deux semaines. Cette réaction a levé les derniers doutes sur ce que nous sommes nombreux à savoir : la lassitude et l'indifférence de l'opinion publique occidentale face à d'autres maux qui sont autant de tsunamis. Ils frappent l'Afrique à travers la dette, le sida, la sécheresse, les criquets pèlerins et les conflits armés sans que le reste du monde s'en émeuve. Dans l'esprit des donateurs, ceux qui « s'entrebouffent » ne doivent pas s'attendre à des élans extraordinaires de générosité. C'est peut-être pour cette raison que nous avons eu droit à si peu d'images du Kenya et de la Somalie, dont les côtes avaient aussi été submergées.

Des voix se sont alors élevées pour rappeler qu'ailleurs sévissent d'autres catastrophes et la même détresse. Si l'Irak et la Tchétchénie ont reçu, en 2003, 91 % de l'argent promis lors des appels au secours des Nations unies, la proportion tombe à 50 % pour la Côte d'Ivoire et à 45 % pour le Liberia, rapporte l'Agence France-Presse.

Ainsi, il y a guerre et guerre : celle que la plus grande puissance mondiale déclenche de manière unilatérale mérite d'être soutenue financièrement, tandis que des pays en conflit comme la Côte d'Ivoire, perçus comme victimes d'eux-mêmes, sont à peine aidés.

Mais quittons le domaine des drames dus aux armes, qui sont le fait des hommes, et examinons une catastrophe naturelle comme l'invasion acridienne dont plusieurs pays sahéliens ont été victimes cette année. Les appels incessants de l'Organisation des Nations unies pour l'alimentation et l'agriculture (FAO) en vue de prévenir ce fléau à temps n'ont pas été entendus.

Je me demande, Monsieur le Président, comment, face à une telle mauvaise volonté, vous allez mobiliser les 10 milliards de dollars annuels, tirés des transactions financières internationales, sur lesquels vous comptez pour juguler la pauvreté et combattre le sida. Apparemment confiant dans la possibilité de l'éveil des consciences à partir de la catastrophe asiatique, vous avez rappelé :

> Le monde souffre de façon chronique de ce que l'on a appelé […] les tsunamis silencieux. Famines, maladies infectieuses qui déciment les forces vives de continents entiers, violences et révoltes, régions

livrées à l'anarchie, mouvements migratoires non maîtrisés, dérives extrémistes, terreau fertile au terrorisme. Vous êtes ici, à Davos, à la pointe de ce mouvement. Dans les bilans de vos entreprises se lit la puissance de l'économie mondialisée. Le chiffre d'affaires des 100 premières entreprises mondiales s'élève, en 2004, à plus de 7 000 milliards de dollars. La somme des chiffres d'affaires des deux premières dépasse le produit national brut de l'Afrique tout entière[1].

Il est important que vous ayez établi ce rapport scandaleux : la fortune de deux entreprises dépasse le PNB d'un continent immensément riche, où 800 millions d'âmes galèrent, meurent faute d'emplois décents, de revenus, d'eau potable et de médicaments.

Puisqu'il est sans cesse question de convergences entre le Forum de Davos, auquel vous vous êtes adressé par vidéoconférence le 26 janvier 2005, et celui de Porto Alegre, où j'étais au même moment, interrogeons-nous, si vous le voulez bien, Monsieur le Président, sur la pertinence et la faisabilité de votre initiative, qui est tout à fait louable. Elle l'est d'autant plus que vous êtes l'un des premiers dirigeants à avoir joué la carte de la convergence, si je considère le Sommet de la Terre et l'Irak.

1. Discours de Jacques Chirac au Forum économique mondial de Davos, janvier 2005.

Le mérite le plus important de votre démarche est de rappeler, comme Attac (même si vous précisez qu'il ne s'agit pas d'une « taxe Tobin »), que l'argent dont nous avons besoin pour bâtir un monde plus juste existe, et qu'il ne manque que la volonté politique et l'élan de solidarité nécessaires.

Vous restez également constant dans votre engagement envers l'Afrique, ce dont nous vous sommes reconnaissants.

Nos chemins divergent à partir de là parce que, comme je me suis efforcée de le démontrer dans les pages précédentes, les choix macro-économiques qui font la force et la prospérité de vos pays ont terriblement appauvri l'Afrique. Vous êtes tout à fait clair quand vous dites : « Le fossé entre riches et pauvres s'est accru dans des proportions vertigineuses ! L'écart de revenu par habitant entre les pays les moins avancés et les pays de l'OCDE, qui était, en 1980, d'un à trente, s'établit aujourd'hui à un à quatre-vingts ! »

Rien ne prouve que le marché, tel qu'il fonctionne, soit apte à la solidarité envers ces jeunes qui manquent de tout. Nous savons, par exemple, que les investisseurs étrangers font d'abord et avant tout du profit, et ne perdent pas une miette sous nos cieux. Ils rapatrient leurs bénéfices par principe et par prudence, parce que nos pays sont dits instables et nos dirigeants corrompus. Le fait que l'instabilité soit en grande partie due à la ponction de vos groupes, qui, au nom de l'efficacité, ont dépossédé nos pays de leurs entreprises publiques et de leurs prérogatives en instituant la politique des dessous-de-table, est passé sous silence.

Vous oubliez, Monsieur le Président, que nous sommes des pays sous tutelle quand vous soulignez : « L'histoire de l'Europe et des États-Unis démontre qu'il existe un lien dynamique entre le progrès économique, appuyé sur des règles de marché garanties par la puissance publique, le progrès social et la démocratie. »

Cette histoire qui est la vôtre, vous les dominants et les gagnants du libre-échange, ne saurait être la nôtre. La puissance publique n'existe que de nom dans nos pays, où le FMI et la Banque mondiale l'ont vidée de son contenu et l'ont mise à genoux. Ces institutions ont construit l'Europe de l'après-guerre et assujetti les pays emprunteurs du Sud, plus particulièrement l'Afrique.

Réunis en janvier 1999 à Ouagadougou (Burkina Faso), en vue de « repenser Bretton Woods » à partir de l'Afrique, quelque 150 économistes africains ont souligné, Monsieur le Président, que depuis le début des années 1980 35 pays africains avaient mis en œuvre 162 programmes d'ajustement structurel sous l'égide de la Banque mondiale et/ou du FMI, contre 126 dans le reste du monde. Certains pays, comme le Sénégal et le Togo, avaient eu droit à 4 PAS, tandis que le

Malawi, la Côte d'Ivoire et la Centrafrique en étaient à 3 chacun.

Si l'aide ne parvient pas à juguler la pauvreté, c'est précisément parce qu'elle sert des réformes économiques destructrices du tissu social et des écosystèmes. Celles-ci ont une part considérable dans la paupérisation de l'Afrique dont découlent les crises – comme celle de la Côte d'Ivoire et celle de la filière cotonnière. Mais répondent-elles de leurs erreurs ?

Quant au G8, qui cautionne et orchestre le démantèlement de nos économies, ses membres se refusent à appliquer, en matière d'aide publique au développement, le taux de 0,7 % de leur PIB qu'ils ont promis il y a trente ans.

Vous n'auriez pas eu besoin de recourir aux mécanismes complexes de taxation et de prélèvement que vous envisagez, Monsieur le Président, n'eussent été le caractère déloyal du marché des produits de base, le fardeau de la dette et la nature erronée des programmes d'ajustement structurel.

La crise de l'économie de plantation qui est au cœur du drame ivoirien et celle de la filière cotonnière engendrent déjà bien des drames dans les pays producteurs, comme je l'ai déjà évoqué.

L'administration américaine est parfaitement cynique puisque, comme je l'ai également souligné, elle fait d'une pierre deux coups : en maintenant ses subventions agricoles, elle protège ses producteurs ; en nous imposant les OGM, elle sert les intérêts de ses multinationales.

Quant à votre propre pays, j'attire votre attention sur la nature du partenariat entre Dagris et nos sociétés cotonnières.

Vous ne faites pas allusion à l'annulation de la dette extérieure, contrairement au Premier ministre britannique, qui vous talonne ces derniers temps en Afrique : de votre G8 est né le Forum pour le partenariat avec l'Afrique ; le sien, à Gleneagles, devra donner naissance à un plan Marshall d'un montant de 80 milliards de dollars pour l'Afrique.

Vous vous dites peut-être que l'initiative « Pays pauvres très endettés » et les mécanismes de la coopération bilatérale française contribuent déjà à l'allégement de la dette. Mais leurs effets sont infimes et la situation de nos pays critique. Le service de la dette amenuise nos ressources, hypothèque la souveraineté de l'État, pénalise des populations qui n'en sont pas responsables, qui n'ont pas profité des crédits et qui ne sont même pas au courant de son existence. Les contraintes qu'elle engendre sont source de violence contre les femmes, les enfants et entre groupes ethniques. Elle a servi des régimes corrompus, ainsi que les prêteurs (conseils des experts, frais des bureaux d'étude, achat d'équipements...). J'espère, de tout cœur, que l'appel de Nelson Mandela sera entendu.

Le véritable obstacle à la libération de l'Afrique est dans la nature des réformes que vous nous imposez, alors que vous ne parvenez pas à en gérer les conséquences dans vos propres pays si nous considérons les revendications des syndicats, des paysans, des jeunes et autres.

Le 10 février 2005, des milliers de jeunes lycéens ont marché en France contre la loi Fillon, et les parents d'élèves ont demandé sa démission. Croyez-moi, Monsieur le Président, si la jeunesse africaine savait seulement la nature des réformes que les institutions de Bretton Woods imposent et si elle avait la latitude de manifester, d'être écoutée et de voir certaines de ses doléances satisfaites, elle ne prendrait ni les armes ni le chemin de l'exil. Comme vous avez raison de nous mettre en garde contre sa révolte, si, par malheur, elle était acculée au désespoir :

> La jeunesse d'Afrique, d'Asie, d'Amérique latine revendique à juste titre son droit à l'avenir. Elle lui apportera son énergie et son talent, pourvu qu'il lui soit donné de le faire. Prenons garde à sa révolte si cette perspective lui était refusée.

Est-il besoin de préciser qu'elle n'a point d'avenir dans le cadre d'une mondialisation qui ne lui garantit pas un enseignement de qualité, des soins de santé, des antirétroviraux, une nourriture suffisante, un logement décent et un visa quand elle a envie de parcourir le monde ? La jeunesse africaine n'a pas d'avenir avec le Nepad, précisément parce qu'il sert le système néolibéral qui appauvrit l'Afrique. C'est vous-même qui lui reconnaissez cette caractéristique quand vous dites :

> Les hommes s'épanouissent dans la liberté. Les entreprises, grandes ou petites, nationales ou étrangères, ont besoin pour investir de sécurité juridique, de règles respectées, d'une concurrence loyale. Avec le Nepad, l'Afrique a engagé sa mutation.

Les ressources financières nécessaires à sa réalisation sont estimées à 12 % du PIB africain, soit 64 milliards de dollars, jusqu'en 2015. Elles devraient provenir de l'allégement de la dette extérieure (qui se fait, pour l'heure, à doses homéopathiques et qui est de surcroît assorti de conditions), de l'aide publique au développement (qui a tendance à diminuer) et des sociétés transnationales (dont les pratiques n'ont, la plupart du temps, rien d'éthique sur les plans social et environnemental).

L'accès aux marchés des pays développés est envisagé avec optimisme, sans évaluation des véritables ouvertures dont bénéficie l'Afrique, après avoir adhéré à l'accord de Cotonou et à l'Agoa (African Growth and Opportunity Act).

L'Afrique a indéniablement besoin d'une vision et d'une initiative régionale concertées, conformes aux intérêts véritables des couches sociales défavorisées. Le Nepad constitue une perte considérable de ressources et d'opportunités pour l'Afrique. Le temps des ministres, des parlementaires, des fonctionnaires des institutions régionales et des États, ainsi que leurs maigres moyens financiers sont divertis dans le cadre de projets régionaux qui ne sont pas les premiers du genre. Faut-il croire que, depuis sa création, une institution comme la Banque africaine de développement n'a pas investi dans des infrastructures et autres projets qui soient de nature à contribuer à l'intégration régionale ?

Les pères du Nepad ont choisi d'ignorer le lien entre les mesures impopulaires des années 1980 et les explosions de la fin de cette décennie. De leur point de vue, les PAS étaient une réponse adéquate à l'étatisme. Ils auraient simplement péché par l'absence d'une dimension sociale qui aurait atténué la souffrance des populations. Aussi n'est-il pas étonnant que Michel Camdessus, l'ancien directeur général du FMI et l'homme de ces programmes, ainsi que Michel Roussin, du Medef international, l'homme de la dévaluation du franc CFA, soient en parfaite harmonie avec les auteurs du Nepad.

Au lendemain de leur participation aux réunions annuelles de ce directoire (en 2001, 2002, 2003, 2004), les résultats obtenus sont plutôt maigres et n'ont rien à voir avec les besoins pressants des ruraux et autres travailleurs, des femmes et des jeunes. Ces résultats sont les suivants :

– la nomination d'éminentes personnalités chargées de la mise en œuvre des mécanismes de revue par les pairs ;

– l'obtention de financements qui ont servi à organiser un nombre impressionnant de rencontres, en vue de parfaire l'instrument, de convaincre, d'un côté, les investisseurs étrangers et, de l'autre, les populations (ce qui n'a rien à voir avec leur participation véritable) ;

– l'adoption du Nepad, en juillet 2003, à Maputo (Mozambique), comme la cheville ouvrière de la très jeune Union africaine, qui, en trois ans, devra l'intégrer ;

– la création de différents bureaux, dont celui du secrétariat de l'organisation.

Le Nepad est un gigantesque leurre, qui ressemble à un « cheval de tige de paille » des dirigeants libéraux africains. Dans certains villages du Sahel, les enfants qui savent encore confectionner leurs propres jouets ont coutume de fabriquer une monture en tige de mil dénommée en bamanan *nyokalaso*, ou « cheval de tige de mil ». Ils jouent à la chevaucher alors qu'elle ne mène nulle part.

Plus qu'un leurre, le Nepad est la plus gigantesque des dérives autoritaires auxquelles notre continent pouvait se prêter dans les circonstances actuelles. Le fait d'ériger cette initiative présidentielle en cadre quasi unique de réflexion et de négociation du présent et de l'avenir de 800 millions de personnes, à leur insu, est une violation de leurs droits économiques, politiques, sociaux et culturels.

L'ancien président du Conseil du Sénégal Mamadou Dia rappelle à juste titre :

> Au moment où les forces de progrès s'efforcent de briser les chaînes de l'esclavage qui continuent à nous ceindre, et dont la conséquence la plus visible est l'accroissement phénoménal de la pauvreté, nous ne pouvons accepter que nos propres dirigeants agissent, consciemment ou inconsciemment, en qualité d'intermédiaires du capitalisme international, créant ainsi artificiellement en Afrique les conditions nouvelles de l'aggravation d'une situation déjà périlleuse[1].

Enfin, si le Nepad était l'initiative africaine que la communauté internationale attendait – qu'elle a tant saluée parce qu'elle y croyait –, à quoi servent la taxe internationale que vous proposez et le « plan Marshall » que Tony Blair envisage ? Pourquoi multiplier les fronts alors que le financement du Nepad piétine ? Et si, au lieu de faire semblant d'aider l'Afrique, on évaluait les transferts nets de

1. Mamadou Dia, « Oméga ou l'apologie de l'ultralibéralisme », *Jeune Afrique/L'Intelligent*, n° 2116, 31 juillet-6 août 2001.

ses richesses vers le Nord ? Et si les pertes que nous enregistrons, à travers le commerce des produits de base, le service de la dette, la fuite des bras et des cerveaux, étaient plus importantes, qui devrait à qui ? L'ampleur de la pandémie du sida justifie à elle seule de la rigueur, de la cohérence et, surtout, un tout autre paradigme que la marchandisation du monde.

Devoir de résistance

La lecture et la gestion des réalités africaines sont le lieu d'un dangereux consensus entre les grandes puissances, les institutions internationales de financement et nos propres gouvernants, tous acquis au dogme néolibéral.

Ces protagonistes de la libéralisation des économies africaines ne tiennent pas à un éveil des consciences qui viendrait entraver la poursuite des réformes économiques et structurelles en cours depuis plus de vingt ans dans la plupart de nos pays. La politique du cas par cas, qui masque le caractère désastreux des réformes néolibérales en Afrique, est plus aisée.

La démocratie peut-elle se passer de résistance, Monsieur le Président ?

Celle-ci doit-elle rester, en Afrique, dans les limites de la lutte pour le pouvoir local, sans référence à la nature prédatrice et, par conséquent, déshumanisante du système néolibéral ?

Faut-il croire que les accords de Linas-Marcoussis et d'Accra III apporteront davantage aux Ivoiriens que l'alternance politique aux Maliens, sans prise en compte des causes historiques et macro-économiques de la paupérisation de la Côte d'Ivoire ?

Le manque ou l'insuffisance de débat en Côte d'Ivoire a largement contribué à exacerber les tensions intercommunautaires, l'ethnie et la religion ayant été instrumentalisées.

Savez-vous que plus de clarté quant aux rouages, aux enjeux et aux desseins de ce système conférerait suffisamment de sens à nos démocraties formelles et transformerait les Africains, dont les Ivoiriens, en citoyens avisés, responsables de leurs choix, capables de contrôler, d'interpeller et d'influencer leurs élus ?

Dans vos démocraties euro-américaines, les hommes politiques sont jugés en fonction de leurs prises de position par rapport à tel ou tel enjeu économique, politique, juridique, et à leur engagement, les peuples étant souverains, même si le poids de la finance et des affaires tend à fausser cette règle du jeu. Rendez-nous, Monsieur le Président, le droit et la latitude de juger nos dirigeants en fonction des politiques économiques qu'ils appliquent.

Chômage endémique, pauvreté de masse, corruption, relâchement du lien social, violence conjugale, urbaine et politique, intensification des flux migratoires constituent le triste lot des populations des pays africains, dont la Côte d'Ivoire, au terme de plusieurs années de réformes économiques néolibérales. Mais le poids de la pensée unique et la pression de la communauté des créanciers sont tels qu'il est hors de question d'interroger ces réformes qui, depuis les années 1980, sont en train de démanteler l'État, les systèmes de pensée, de production, de gestion et de distribution des biens et services.

Toute critique de la pensée dominante est considérée comme de la frilosité, de la régression ou de la nostalgie, là où il faut, semble-t-il, être entreprenant, agressif, compétitif.

Le comble de l'hypocrisie est que la même communauté des créanciers qui accule l'État lui impose la participation de la « société civile » et va jusqu'à en faire une condition nécessaire, en se mettant elle-même hors du champ de sa critique.

Nous aurons fait un pas décisif dans le sens d'une coopération responsable et respectueuse des peuples d'Afrique le jour où l'Élysée et Matignon feront de la misère des pays du « pré carré » l'indicateur, par excellence, de l'état de la coopération française au développement. La classe politique africaine, quant à elle, sera plus crédible quand, au-delà des amitiés personnelles, elle osera questionner ce système économique et politique dépendant qui ouvre les mêmes plaies dans tous nos pays, alternance possible ou pas. L'échec du modèle ivoirien, qui n'aurait eu aucune raison de déraper s'il avait réellement correspondu aux aspirations du peuple de ce pays, devrait interpeller sa classe politique.

Il en est ainsi parce que, en plus des grands groupes français qui ont besoin des économies africaines, les partis politiques ont également besoin du continent noir pour gagner les élections. Les relations personnelles entre chefs d'État servent aussi à financer les élections en toute tranquillité.

Où est la démocratie ? De quoi se plaignent les Africains qui s'en réclament quand ils se refusent à questionner les mécanismes de la mondialisation libérale qui vident les mots de leur contenu et instrumentalisent les institutions à leur tête, ainsi qu'une bonne partie de la société civile ?

Des dizaines de milliers d'organisations qui se réclament de la société civile sont sur le terrain et doivent généralement s'inscrire dans ce paradigme si elles veulent survivre. Les bailleurs de fonds sont globalement allergiques à l'esprit critique, de même que les gouvernants – récompenses ou sanctions étant liées à la conformité de leurs actions aux intérêts du patronat français.

Aucun dirigeant africain, bien ou mal élu, n'a réussi, ces dix dernières années, à garantir à une majorité de ses concitoyens l'éducation, la santé, une alimentation saine et en quantité suffisante, et, surtout, du travail, notamment pour les jeunes. Or n'avez-vous pas reconnu vous-même, Monsieur le Président, lors du Forum pour le partenariat avec l'Afrique, que « ces jeunes n'accepteront pas, ne toléreront pas d'être marginalisés », et qu'« ils seront suffisamment nombreux pour imposer au monde des drames et des difficultés insurmontables » ?

C'est cette bombe qui a explosé en Côte d'Ivoire en la scindant en deux, en dressant les unes contre les autres les principales victimes de la réforme de l'éducation, de l'agriculture, du commerce et de la fonction publique que sont les jeunes – Patriotes, Forces nouvelles et autres. Les Ivoiriens de moins de 40 ans constituent, avec des dizaines de millions d'autres Africains du même âge, la génération des programmes d'ajustement structurel, c'est-à-dire une jeunesse sans droit ni toit, qui, de plus en plus, bascule malgré elle dans le camp des sans foi ni loi. Sans repères ni perspectives d'avenir, elle est souvent prête à en découdre avec ses aînés au sein des familles et des formations politiques, parfois jusqu'au sommet de l'État.

Comme le dit José Saramago, « seul un esprit cynique se risquerait à affirmer que tout va pour le mieux dans le monde dans lequel nous vivons[1] ».

---

1. José Saramago, « Que reste-t-il de la démocratie ? », art. cité.

Les populations africaines, particulièrement les paysans, les femmes, les jeunes et les enfants, peuvent-elles continuer à payer pour des choix macro-économiques qui obéissent essentiellement aux intérêts de vos pays riches, qui se confondent souvent avec ceux des élites locales ?

Sachez, Monsieur le Président, que, à l'instar de vos compatriotes rapatriés en novembre 2004, l'hébétement et une souffrance intense se lisaient également dans les yeux des Maliens – hommes, femmes et enfants – qui avaient dû fuir la Côte d'Ivoire bien avant eux. Ils avaient laissé derrière eux, en plus de leurs maigres biens, des morts, mais aussi une partie et peut-être l'essentiel de leurs histoires individuelles et communautaires, pour ceux et celles d'entre eux étant nés et ayant grandi dans ce pays. Il en était de même pour des milliers de Burkinabés, de Sénégalais, de Guinéens... En 2002-2003, ils étaient au nombre de 250 000, originaires de l'Afrique de l'Ouest, à fuir la Côte d'Ivoire, sans compter les 40 000 Ivoiriens ayant pris la direction du Liberia, qui abritait déjà 185 000 déplacés internes.

Nous savons que vous ne nous traitez pas en égaux face à l'éducation, à l'emploi et aux revenus, ni face à la mort, comme l'atteste l'ingratitude de l'État français à l'égard des tirailleurs sénégalais, dont des milliers sont morts pour la France lors des guerres de 1914-1918 et de 1939-1945.

Votre Premier ministre, Jean-Pierre Raffarin, fait bien de nous rappeler que nous n'avons pas les mêmes droits, en déclarant qu'« on ne tue pas impunément un soldat français ». Mais qui doit punir la France quand elle sème et entretient en Afrique la graine de la discorde, à travers un modèle économique inégalitaire, destructeur ?

Les Forces nouvelles, les Patriotes et autres laissés-pour-compte du capital prédateur et marchand émergent, s'insurgent, tuent et s'entretuent parce que la forme de citoyenneté qui devrait leur permettre de revendiquer leurs droits économiques, politiques, sociaux et culturels dans le cadre de débats politiques sur la réalité des choix macro-économiques engageant leur sort est lente à se mettre en place.

La crise ivoirienne ne se résorbera pas de sitôt, et les autres pays africains, apparemment calmes, ne seront pas à l'abri de la violence aussi longtemps que nous ne nous imposerons pas le devoir de dissidence et de rupture par rapport aux réformes néolibérales.

Ce défi interpelle en premier lieu les intellectuels et tous les acteurs de la société civile, qui souffrent de la désinformation quant aux conséquences profondes de nos maux et du mépris subi.

Le mouvement social africain, le creuset où nous continuons à bâtir des alliances avec d'autres citoyens du monde, en l'occurrence de l'Europe et plus particulièrement de la France, est aussi le lieu où les enseignements des crises ivoirienne et togolaise doivent être médités en raison de leur valeur pédagogique.

Cette solidarité se construit depuis Seattle. Il s'agit pour nous d'en élargir la base aux intellectuels et aux acteurs de la société civile ivoirienne et des autres pays en conflit afin qu'ils se rendent compte que ce qui nous lie – nous, anciennes colonies dont la libération inachevée est désormais sous la tutelle du FMI et de la Banque mondiale – l'emporte de loin sur ce qui nous divise. L'histoire, l'économie et la sociologie, qui n'ont pas leur place dans les accords de Linas-Marcoussis et d'Accra III, devront nous aider à crever l'abcès de l'« ivoirité » et de toutes les identités meurtrières.

Nous pouvons et nous devons renouer avec le projet initial de libération économique, politique et culturelle qui a largement été contrarié par votre politique africaine, dont l'instrumentalisation de la Côte d'Ivoire et de son premier leader, Félix Houphouët-Boigny, a été l'une des composantes.

L'enjeu de cette lecture globale est considérable. Il s'agit de l'élaboration, au niveau de la Côte d'Ivoire et des autres pays de la sous-région, d'une nouvelle conscience politique qui puise dans notre histoire commune de peuples dominés et surexploités.

Pour échapper au cercle infernal du pouvoir de la finance qui s'autoproclame démocratique, les citoyens s'investissent dans des quêtes fécondantes qui peuvent avoir raison des identités meurtrières. Il en était ainsi, un soir de novembre 2002, lors des Nuits atypiques de Koudougou, au Burkina Faso. Cette manifestation fait partie de ces retrouvailles de la société civile qui ont lieu tantôt au nord, tantôt au sud, pour sauver l'homme de l'oubli, de la négation, du mépris.

Nous nous étions retrouvés quelques semaines plus tôt, en août, Patrick Lavaud, Koudbi Kouala et moi, aux Nuits atypiques de Langon, dans la région de Bordeaux. À Langon comme à Koudougou, la musique, la poésie, le chant et la parole faisaient lien, dissipant la peur et la haine de l'autre.

Patrick, qui m'avait devancée au Burkina Faso, m'attendait à l'aéroport de Ouagadougou en compagnie de Koudbi Kouala. Nous avions une heure de route avant d'atteindre Koudougou et il faisait nuit. Dès notre sortie de la ville de Ouaga, nous avons dû faire face à un interminable défilé de camions qui roulaient à toute allure en sens opposé. Ils venaient du Mali et partaient pour le Ghana : le port d'Abidjan, par où transitait jusqu'alors l'essentiel des marchandises du Mali, était devenu inaccessible du fait de la crise. Sur la même voie que nous, en direction de Koudougou et de Bamako, roulait également une longue file de camions, ainsi que des cars qui transportaient des Maliens rapatriés de Côte d'Ivoire. Dans le brouhaha, deux de ces cars sont entrés en collision avec l'un des camions venant en sens inverse.

Nous avons mesuré, mes amis et moi, à travers cet accident dont nous avons été informés le lendemain par les autorités de Koudougou, l'ampleur du défi que nous tentons de relever ensemble, grâce aux lieux de convergence des ethnies, des religions, des cultures et des langues que nous créons çà et là à travers le monde.

Les Nuits atypiques ne pouvaient pas mieux porter leur nom dans la mesure où tout semblait chavirer autour de nous. Les artistes et les musiciens étaient du Burkina Faso, de la Côte d'Ivoire, du Mali, du Sénégal, de la Guinée, du Kenya, du Ghana, mais aussi d'Europe, plus précisément des Pays-Bas. Le public était tout aussi pluriel, mais surtout jeune et enthousiaste, visiblement désireux d'oublier la guerre en Côte d'Ivoire – toutes les guerres.

Parmi les artistes figuraient des sœurs jumelles, venues d'Abidjan avec leurs musiciens. Elles chantaient en gourounsi, l'une des langues du Burkina Faso. Leur présence sur scène donnait la véritable mesure du drame que vivait et vit toujours la Côte d'Ivoire. Nées de parents immigrés dans ce pays où elles ont grandi, ces jeunes artistes le portaient visiblement en elles. Si les paroles des chants étaient en gourounsi, leurs pas de danse et leurs tenues vestimentaires rappelaient surtout la Côte d'Ivoire.

L'Afrique métisse était en scène, résultat et expression d'une intégration régionale à l'honneur de l'ensemble des ethnies qui s'étaient retrouvées en Côte d'Ivoire, où elles avaient cohabité et travaillé ensemble jusqu'au bouleversement de l'environnement économique qu'elles ont contribué à créer.

Rendez-nous notre humanité

Vêtus de fripes de pied en cap, un cellulaire en main et l'Europe en tête, nos enfants attendent, par milliers, autour d'une théière ou d'un verre de bière. Sous les arbres, le long des rues jonchées d'ordures, les conversations vont donc bon train entre les candidats au départ, la plupart du temps des jeunes, sans allusion aucune à la Côte d'Ivoire en crise, ni à la chute du prix du coton, ni au déficit pluviométrique, ni à l'invasion acridienne dont nous aurions pu nous passer. L'élite formatée qui a déteint sur eux ne leur a jamais donné la chance de comprendre l'état réel de leur pays, à plus forte raison les rouages de la mondialisation qui les broient.

Totalement étranges, en effet, sont devenus nos pays, où la perspective du départ détermine désormais la plupart des faits et gestes des familles et des individus. Et un voyage aussi important que l'émigration vers l'Europe ou les États-Unis est une affaire qui se prépare discrètement. Elle ne s'ébruite que lorsqu'on a son visa en main. Dans mon quartier, il nous arrive d'être littéralement rendus sourds par le niveau sonore des haut-parleurs lorsque l'un des jeunes candidats à l'émigration obtient un visa légal. Ce tampon vaut tous les diplômes du monde pour certains, avant qu'ils goûtent aux affres de la xénophobie et du racisme quotidiens de l'« ailleurs ».

L'intensification des flux migratoires en provenance de Côte d'Ivoire (peu importants auparavant), non seulement vers la France, plus généralement l'Europe, et les États-Unis d'Amérique, mais aussi vers d'autres pays africains, a été l'un des signes annonciateurs de l'essoufflement du modèle économique dominant ivoirien. Dans ma position, j'en gère les conséquences.

À l'appel du muezzin, les fidèles sortent, les uns nonchalamment, les autres à pas pressés afin de s'assurer une place confortable dans la petite mosquée de notre quartier, qui est souvent remplie. C'est l'heure du *maghrib*, la prière de la tombée du jour. De ma maison, j'entends, grâce aux haut-parleurs disposés au pied du minaret, des versets du Coran, ainsi que les prêches et bénédictions de l'imam. Il prend en charge aussi bien les soucis individuels des fidèles que ceux de l'ensemble de la communauté. Depuis quelque temps, on fait aussi appel aux bénédictions de l'imam concernant les questions nationales telles que le chômage, la faible pluviométrie et l'invasion des criquets.

Ce jour-là, en même temps qu'elle priait pour les autres et la nation tout entière, ma voisine Makaba se concentrait sur son souci majeur : l'obtention d'un visa d'entrée en France pour l'un de ses fils. À la fin de la prière, en rentrant chez elle, elle s'arrêta devant ma maison et me fit de la main gauche le geste de m'approcher lorsqu'elle me vit sortir, pendant que de la main droite elle continuait à égrener son chapelet.

Makaba me confia que son fils aîné, qui avait émigré quelques années plus tôt aux États-Unis, lui avait envoyé l'argent, quelque 3 millions de francs CFA, pour le visa de son frère cadet. Elle avait besoin de mon aide. J'avais déjà auparavant expliqué à Makaba, qui n'en était pas à sa première demande d'assistance, que les risques sont considérables pour ceux qui partent dans la clandestinité.

« Sans-papiers », « arrêt », « refoulement », « expulsion »... Ce scénario commence déjà en terre africaine. Il se poursuivra toute la vie pour la plupart de ceux et celles qui parviendront à franchir le mur de Schengen, ai-je expliqué à Makaba.

Tamanrasset, la capitale du Hoggar, au sud de l'Algérie, est l'une des étapes sur la route vers l'Europe. Traqués par la police algérienne, les jeunes d'Afrique noire, dont de nombreux Maliens, se réfugient parfois dans les collines qui surplombent la ville. Voici la description que nous en donne un journaliste :

> Quand ils sont pris, ils sont systématiquement reconduits aux frontières algéro-maliennes. En 2003, plus de 200 personnes, dont 16 femmes, ont été expulsées du territoire national. Durant le premier semestre de l'année en cours, le chiffre a triplé. La justice a rendu plus de 730 arrêts de refoulement. À Tin-Za-Ouatine, les immigrés africains sont laissés en rade dans un *no man's land* [...]. Le lieu-dit Chaffa, situé dans le populeux quartier Kattaâ-el-Oued, est assimilé à un marché informel de la main-d'œuvre noire. Une main-d'œuvre disponible et pas du tout chère. Les sans-papiers se pointent, par grappes de même nationalité, à Chaffa aux environs de 7 heures. Ils prennent place sur un muret qui serpente l'oued tari. Des heures durant, sous un soleil de plomb, ils quêtent le providentiel employeur[1].

Rien de tout cela ne dissuade les jeunes candidats au départ et leurs parents – ni les naufrages des bateaux de fortune ou de ceux intentionnellement coulés par des passeurs criminels, quand ils ne jettent pas leurs passagers par-dessus bord, ni les humiliations qui constituent le lot de ceux et celles qui arrivent à bon port.

---

1. H. Souhila, « Immigration clandestine : dans le ghetto africain de Tam », 23 juillet 2004 ; consultable sur Internet : www.algerie-dz.com.

Les jeunes de mon quartier qui sont décidés à partir vont jusqu'à m'éviter, de peur que je ne les en dissuade. Je l'ai compris lorsque, dans le cadre de nos réunions, j'ai constaté le petit nombre de participants, la nouvelle ayant circulé que nous allions aborder la question de l'émigration clandestine.

Même le militantisme en subit les conséquences : les parents évitent, eux aussi, de s'impliquer dans toute action qui pourrait entraver l'obtention d'un visa. Les rangs sont clairsemés lors des marches du Forum pour l'Autre Mali, du fait de cette crainte qu'un cadre supérieur a confiée à l'un d'entre nous : « J'épouse la cause des altermondialistes et aurais aimé me joindre à vous. Mais ma femme m'en a dissuadé de peur que l'une des ambassades de ces pays que vous dénoncez refuse un visa à notre fils, qui prépare son baccalauréat et doit aller étudier à l'étranger. »

Au cours de mon bref entretien avec Makaba, je me suis rendu compte que le montant dont elle disposait pour l'obtention du visa de son fils était l'équivalent de celui que Nicolas Sarkozy était venu proposer aux Maliens qu'il voulait inciter à rentrer chez eux. Bien perverse est cette aide !

On raconte, Monsieur le Président, que les « maîtres du monde » vous trouvent trop à gauche et, par conséquent, font davantage confiance à Nicolas Sarkozy. C'est peut-être cette part d'humanisme, qui vous a amené à prendre une position courageuse lors de l'invasion de l'Irak et qui vous pousse à proposer des initiatives comme la taxe internationale, qui m'autorise à m'adresser à vous, pour vous dire que vous pouvez mieux pour l'Afrique. Il vous suffit de reconnaître que nos États sont incapables de faire des miracles, alors que vos vieilles démocraties ont de plus en plus de mal à juguler la pauvreté.

Ne faudrait-il pas prendre en compte dans ce débat franco-français la pauvreté endémique en Afrique, qui résulte de cinquante années de coopération au développement ayant surtout enrichi une catégorie de Français, ceux-là mêmes qui concentrent l'essentiel des pouvoirs et des richesses entre leurs mains, ainsi qu'une certaine élite africaine ? Pourquoi faut-il que des innocents – notamment les femmes, les jeunes, les paysans – paient le prix d'un « développement » extraverti et dépendant en prenant les armes ou le chemin de l'exil ?

Conflit armé ou pas, l'exil commence ici, à Abidjan, Bouaké, Lomé, Bamako, Kinshasa, et dans les villages les plus reculés, car le « développement » est une affaire d'initiés, qui ne s'énonce pas dans nos langues, ne se conçoit pas en collaboration avec les populations. Il est pourtant mis en œuvre en notre nom à tous et à nos dépens, avec des subventions et des emprunts qui nous enchaînent davantage.

La responsabilité de votre pays en tant qu'ancienne puissance colonisatrice apparaît clairement lorsqu'on considère la genèse des phénomènes migratoires, le sort des travailleurs arrachés à leur pays d'origine, surexploités dans les plantations de café et de cacao, traités en citoyens de seconde zone dans le cadre d'un modèle économique qui, s'il a profité à la classe des planteurs locaux à laquelle appartenait le Président Félix Houphouët-Boigny lui-même, a également été un piège pour la majorité des Ivoiriens. Réfuter ce lien entre la politique interne de la France et sa politique africaine est source de mépris à notre égard.

Car, comme je l'ai déjà dit, pire que la pauvreté, qui justifie tant d'initiatives de votre part et de la part d'autres membres de la communauté internationale, est le mépris, contre lequel rien n'est prévu ou si peu. Le mépris est une matière qui se cultive depuis toujours, se partage et se vend bien quand les États et les médias du Nord nous rendent entièrement responsables de l'échec de ce qui était censé être le développement. Réductionniste mais surtout négationniste est, généralement, la lecture des crises qui secouent le continent noir, dont celles que connaissent actuellement la Côte d'Ivoire et le Togo.

Comment se fait-il qu'en Argentine, au Venezuela, en Irak et ailleurs la dimension économique des tensions et des conflits qui en découlent est mise en lumière, les rôles et les responsabilités des acteurs nationaux et internationaux évoqués, alors que l'Afrique noire, mise dans une situation de dépendance selon la même logique de profit, est la seule au banc des accusés, renvoyée à ses prétendus démons ?

La différence de réaction de l'opinion publique quand il s'agit de l'Asie du Sud-Est en détresse et du continent noir, confronté lui aussi à diverses catastrophes, est tout aussi édifiante.

Si vous vouliez réellement rendre justice à la Côte d'Ivoire, Monsieur le Président, et aider par la même occasion l'Afrique à se redresser et à aller de l'avant par et pour elle-même, vous devriez changer de grille de lecture pour analyser les causes de nos maux, et d'attitude pour les traiter. Nous avons en tête la « dérive fasciste » attribuée à votre homologue ivoirien et les propos de votre ancien ministre des Affaires étrangères, Dominique de Villepin, selon qui « la crise en cours s'appuie sur des éléments traditionnels. La mosaïque ethnique et religieuse que constitue la Côte d'Ivoire, marquée notamment par un clivage Nord/Sud, est en crise depuis la disparition d'Houphouët-Boigny[1] ».

1. Boubacar Boris Diop, « Françafrique : l'avertissement ivoirien », *Le Monde diplomatique*, mars 2005.

Quant aux accords de coopération militaire, ils révèlent, si nous considérons les récents événements en Côte d'Ivoire, que le droit international est à géométrie variable : la prétendue force d'interposition que constitue l'opération « Licorne », au lieu d'être franchement multilatérale, est essentiellement composée de Français recevant leurs ordres de votre ministère de la Défense. Lorsque l'opération « Licorne » est passée à l'action, nous avons pu constater que la protection des biens et des ressortissants de l'Hexagone a valu à la Côte d'Ivoire de nombreux morts et blessés. Je ne pense pas que les soldats français aient reçu des Nations unies l'ordre de tirer sur les manifestants ivoiriens. Le mandat international que votre armée brandit ressemble au droit de tirer en toute impunité.

À Abidjan, Monsieur le Président, l'armée française, qui a sauvé les Français, a tué des désespérés. Votre ministre de la Défense, Michèle Alliot-Marie, s'est murée « dans ses hautains démentis[1] » jusqu'à la diffusion du reportage de Stéphane Haumant dans l'émission *90 Minutes* sur Canal +. Car elle n'a pas confiance dans le Président ivoirien, qui, dit-elle, aurait un double langage, encore moins dans les médias d'État, qui seraient à son

1. Daniel Schneidermann, « Abidjan, trois semaines de retard », *Libération*, 3 décembre 2004.

service. Quelle considération a-t-elle pour les partisans du régime qu'elle sert ?

Autant la mort de 9 soldats français a été médiatisée, autant celle des manifestants a été dissimulée et dédramatisée quand vous avez dû l'admettre, avec trois semaines de retard. Avec un cynisme révoltant, votre ministre de la Défense, après avoir nié, a fini par assumer cette tuerie, estimant que les militaires français avaient agi de manière professionnelle et que, « maintenant que c'[était] fait, on [pouvait], en effet, déplorer qu'il y ait eu des morts et des blessés » et « tourner la page ». Malheureusement pour la France, une page plus ou moins semblable allait s'ouvrir quelques semaines plus tard au Togo.

Égale à elle-même, soucieuse avant tout de la vie de ses compatriotes et de ses semblables occidentaux, Michèle Alliot-Marie, dès sa première apparition à l'antenne de TV5 après la mort de votre ami Eyadema, nous a informés que 2 500 Français vivaient au Togo et que votre armée était en alerte.

L'un de vos compatriotes encore capables de s'inquiéter (Dieu merci, ils sont nombreux) a relevé que la presse, qui était au garde-à-vous le dimanche précédent lors de l'émission *Grand Jury RTL-Le Monde-LCI*, s'était occupée d'abord de l'« événement planétaire : le sacre Sarkozy. Derrière, les Noirs. Chacun son tour ».

Daniel Schneidermann ajoute : « Il faudra, un jour, raconter ces trois semaines d'incompréhension inerte. La presse ne savait-elle pas, ne soupçonnait-elle pas ? […] Le colonel d'Estremon, accusé, avec force détails, par son collègue ivoirien d'avoir fait tirer sans sommation, sera-t-il un jour autorisé à répondre aux questions de la presse[1] ? » Il se penche également sur le fonctionnement du journalisme de guerre, les médias ayant abusé de leur pouvoir ces derniers temps.

Dominique Wolton rappelle : « Longtemps considérée comme un facteur d'émancipation et de progrès, l'information peut devenir un facteur d'incompréhension, voire de haine[2]. » L'incompréhension et la haine étaient réelles en novembre 2004, en Côte d'Ivoire comme en France, sauf que ceux de vos journalistes qui étaient montés au créneau s'en défendent.

Vous avez même conquis la Lune et percé les secrets du génome humain. Pourquoi ne nous donnez-vous pas les moyens de notre demande légitime d'humanité et de dignité ? Ce sont des peuples déçus et désemparés par les fausses promesses du modèle économique dominant que vous avez prôné dans leur pays qui s'en prennent

1. *Ibid.*
2. Dominique Wolton, *L'Autre Mondialisation*, Paris, Flammarion, 2003, p. 9.

les uns aux autres, les Ivoiriens aux Ivoiriens, à d'autres Africains, à la France elle-même.

J'espère qu'un jour les Français et les Françaises sauront tout à propos des mensonges qui servent à cacher la responsabilité du système capitaliste français dans la déshumanisation et l'instabilité politique en Afrique. Ces hommes et ces femmes du refus, que nous voyons marcher dans vos rues pour l'emploi, le revenu, la santé, le logement, la dignité, n'accepteront certainement pas que les droits des peuples d'Afrique soient indéfiniment niés et bafoués.

La France n'aurait plus à se faire de soucis ni en Côte d'Ivoire, ni au Togo, ni ailleurs en Afrique, si elle acceptait de reconnaître sa part de responsabilité dans l'état de déliquescence du continent et d'œuvrer dans le sens d'une mondialisation profitant enfin et véritablement aux Africains.

Nous sommes, Français et Africains francophones, gouvernants et gouvernés, que nous le voulions ou non, Monsieur le Président, les héritiers d'une histoire faite, certes, de rencontres et de brassages véritables, mais aussi de violence politique, économique, militaire et symbolique de la part de la puissance dominante que vous représentez. Au lieu d'idéaliser la politique étrangère de la France en Afrique, donnez une chance à la démocratie et à la paix véritables dans nos pays et dans nos rapports en acceptant la coresponsabilité.

Une France plus sociale, plus fraternelle et solidaire peut parfaitement comprendre un tel besoin de rupture et de recentrage, et y contribuer.

La rupture ne s'impose pas par rapport à un pays dénommé la France, mais par rapport à une conception de la politique africaine de ce pays fondée sur le profit et le mépris.

Nous ne serons plus seuls sur le banc des accusés, incompris et méprisés, si nous nous donnons la peine d'établir le lien entre la logique économique qui engendre la fracture sociale sous vos cieux et la guerre ouverte sous les nôtres. Le peuple de France qui subit les réformes saura faire la part des choses et jouera son rôle dans la défense de nos intérêts communs. Ce front commun a sa place à l'intérieur de nos frontières.

Quai Branly

Choc des cultures, domination et drainage des richesses de la planète vers des pôles de concentration continuent d'appauvrir les trois quarts de ses habitants. Je tenais à rappeler, Monsieur le Président, que le conflit ivoirien comme la crise togolaise et la plupart des maux du continent noir résultent de cette marche bancale et de plus en plus chaotique de l'histoire de l'humanité, dans laquelle la France ne cesse de prendre appui sur ses anciennes colonies d'Afrique, tout en prétendant le contraire.

Plus que des défaillances, en implosant, le pays de Félix Houphouët-Boigny a mis à nu le caractère totalement superficiel et, à moyen terme, explosif d'une croissance économique essentiellement tournée vers la satisfaction des besoins des pays riches. Vous n'ignorez certainement rien de la relation entre la marche forcée de nos pays vers le marché, leur paupérisation et la guerre. On m'a parfois fait comprendre que je perdais mon temps en vous demandant de changer de grille de lecture à propos de l'Afrique, en élargissant la base du débat aux réalités historiques et macro-économiques qui la minent sans qu'on en tire toutes les conséquences.

Pour aller plus loin dans ce travail de questionnement et de reformulation des énoncés ainsi que des réponses quant à l'Afrique, j'ai décidé de faire un détour par le Quai Branly, pour être sûre d'être entendue, mais aussi pour vérifier si cette œuvre remarquable au plan esthétique échappe à la polarisation des richesses qui appauvrit l'Afrique en y sécrétant des identités « meurtrières ». Il existe, en effet, au-delà du débat franco-français sur l'approche esthétique, ethnographique ou scientifique, une dimension qui me semble primordiale parce que de nature à rééduquer les regards, en particulier le vôtre sur nous, qui conditionne souvent la manière dont nous nous regardons nous-mêmes. Elle nous projette au cœur du débat, de plus en plus brûlant, sur les territoires, les frontières, les mémoires et les identités. Peut-on aimer l'art d'un peuple, c'est-à-dire une partie de son âme, le conserver par-devers soi, et mépriser ce peuple et le rejeter ? Tout comme pour la situation économique et politique, le devoir de cohérence entre le discours et les comportements vous interpelle également dans ce domaine des arts dits premiers.

Outre les richesses du sol et du sous-sol, le drainage porte également sur les œuvres de l'esprit et nous appauvrit, en termes de mémoire, de sens et de repères. En dérivant, l'« ivoirité » n'est-elle pas l'une des expressions de ce double processus de dépossession qui aura permis, jusqu'ici, aux maisons de commerce puis aux grands groupes français de disposer des ressources de la Côte d'Ivoire et de brouiller les repères, dont la reconquête et la reconstruction tourne au drame ?

Les flux ininterrompus de migrants, parfois accompagnés d'enfants, dont des Ivoiriens qui veulent atteindre les rivages de l'Europe, ne sont-ils pas composés à la fois d'hommes et de femmes désemparés par les réformes du FMI et de la Banque mondiale qui les privent d'emploi et de revenu, et d'exilés de l'intérieur faute de repères ?

La libération et la reconstruction du continent noir supposent qu'il nous reste une mémoire qui nous permet de revisiter notre rapport à nous-mêmes et aux autres et de réinventer le présent et l'avenir. Ne dites-vous pas vous-même, Monsieur le Président, que « la politique est d'abord une vision du monde, un rapport au monde, un ensemble de choix[1] » ? Il n'est question de rien de tout cela en Afrique. Le Nepad, comme nous l'avons souligné, est un « cheval de paille ». Quant à notre rapport à nous-mêmes et au monde, il est

1. Discours prononcé le 13 avril 2000 par Jacques Chirac lors de l'inauguration du pavillon des Sessions au musée du Louvre.

faussé, et se prononcer sur le sens de l'ouverture économique et de l'intégration régionale, comme vous savez le faire en soumettant la Constitution européenne à un référendum, est probablement un luxe pour nous autres.

Il est urgent pour l'Afrique d'opposer à l'utopie néolibérale qui est mortifère une autre vision du monde. En d'autres temps et dans d'autres circonstances, j'aurais pu trouver conseil et inspiration auprès du fétiche de mon village. Il m'aurait demandé de la cola, un coq ou, tout au plus, un cabri.

Mais la plupart de nos biens culturels, qui nous servaient de repères et de recours, sont partis, ont été « trouvés », acquis et emportés par les africanistes. La marchandisation des œuvres de l'esprit a désormais atteint un tel point que parfois nous participons nous-mêmes au pillage, du villageois au sommet du pouvoir, où ont lieu les transactions entre chefs d'État.

La destruction économique va de pair avec l'anéantissement culturel, moral et spirituel.

L'Afrique pourra trouver une issue à la corruption, à l'impunité et à la pauvreté monétaire, Monsieur le Président, lorsque nous nous serons réapproprié les principes et les valeurs que véhiculent nos biens culturels. Ce n'est que solidement ancrés dans un univers qui est infrastructure et superstructure que les Africains pourront redresser la tête et l'échine, marcher parmi et avec d'autres peuples, leurs semblables, leurs frères.

Le Quai Branly, à l'instar d'autres sanctuaires des temps présents, n'échappe donc pas au questionnement sur l'état des pays dont les œuvres sont originaires, qui est interpellation lorsque ceux-ci s'enlisent de jour en jour. En d'autres termes, Monsieur le Président, votre passion pour les « arts premiers » et l'enthousiasme avec lequel vous manifestez votre désir de les voir auprès de vos chefs-d'œuvre, à n'importe quel prix, contrastent avec la faiblesse des moyens quand il s'agit de l'aide publique au développement et de l'annulation de la dette. Tout se passe comme si, dans ce domaine aussi, vous aviez fait, comme en économie, le pari de relever le défi de la mondialisation en masquant le fait que la France prend à l'Afrique en donnant l'impression qu'il s'agit d'une coopération.

« À l'issue de près d'un siècle de controverses et de débats passionnés, un art aux multiples facettes [...] rejoint enfin et pour toujours les cimaises de notre plus grand musée [...]. Longtemps, en effet, les arts non occidentaux, ceux qui étaient extérieurs au creuset indo-européen d'où sont issues nos propres cultures, sont entrés dans nos collections dans des circonstances douloureuses sur fond de colonisation. Ce fut pour l'Europe un temps de conquête et d'expansion économique, mais ce fut aussi, pour les contrées colonisées, un temps d'humiliation et de souffrance que Jean-Paul Sartre a pu décrire comme un "énorme cauchemar" [1]. »

Vous estimez à tort, Monsieur le Président, qu'avec le temps la France a construit avec nos pays de nouveaux rapports fondés sur le respect mutuel, le dialogue et l'échange. Le cauchemar demeure et tourne, malheureusement, à l'horreur avec le fardeau de la dette, le pillage à travers les accords de coopération économique et monétaire conclus dans les années 1960, mais aussi les récents accords de partenariat économique (APE), la pandémie du sida, les migrations, les guerres ainsi que le mépris et le racisme qui en sont les corollaires.

J'ai confié à l'une des sculptures du pavillon des Sessions le soin de vous rappeler l'atroce cauchemar qui est le nôtre.

C'était en avril 2000, à la veille de l'inauguration de ce pavillon au musée du Louvre, pavillon que vous avez appelé « l'avant-poste du Quai Branly » et que feu Jacques Kerchache m'a fait visiter alors que j'étais ministre de la Culture et du Tourisme de mon pays et membre du Conseil d'orientation du futur musée. Passionné, il marchait devant moi et me présentait, les unes après les autres, la centaine d'œuvres qui constituent cette belle collection. De sa voix rauque et à peine audible, cet autre amoureux des arts dits premiers murmurait l'origine,

1. *Ibid.*

l'histoire de chacune d'entre elles ainsi que le sens que les peuples auxquels elles appartenaient leur conféraient. J'avais conscience de ce privilège d'être l'unique visiteuse d'une collection exceptionnelle, avec un prêtre blanc comme guide et intermédiaire. Au fur et à mesure qu'il parlait, je me réappropriais, à ma manière, ces ancêtres et ces dieux que je prenais à témoin, avant de m'adresser plus spécifiquement à la sculpture Tellem[1], qui venait de mon pays.

> Le voyage a dû être long pour vous qui êtes venue il y a longtemps par bateau ! Vous devez avoir froid ici, n'est-ce pas ? Comment parvenez-vous à tenir sans nos offrandes ? Vous nous manquez terriblement. Notre pays et l'Afrique tout entière ont subi bien des bouleversements. Aux dieux des chrétiens et des musulmans qui vous ont contesté votre place dans nos cœurs et vos fonctions dans nos sociétés s'est ajouté le dieu Argent. Vous devez en savoir quelque chose au regard des transactions dont certaines nouvelles acquisitions de ce musée ont fait l'objet. Il est le moteur du marché dit « libre » et

1. Elle a été collectée par Denise Paulme et Deborah Lifchitz, en 1935, chez les Dogons, sur un lieu de culte appelé *binu ya*. Le *binu* est dédié à une catégorie d'ancêtres mythiques n'ayant jamais connu la mort. Le sanctuaire nommé *binu ya* correspond à un lieu de culte dévolu à un *binu* femelle (*ya* étant la marque du féminin). Le culte du *binu* constitue avec celui du *lébé* (ou *gin'na*) le rituel le plus répandu chez les Dogons. Chacun nécessite l'emploi de statues anthropomorphes.

« concurrentiel », qui est supposé être le paradis sur Terre. Il est synonyme de gouffre pour la plupart de nos pays.

Appauvries et désemparées, les populations s'en prennent les unes aux autres, fuient, et butent contre le long mur de l'indifférence, dont Schengen. N'entendez-vous pas, de plus en plus, les lamentations de ceux et celles qui empruntent la voie terrestre, se perdent dans le Sahara ou se noient dans les eaux de la Méditerranée ? N'entendez-vous pas les cris de ces centaines de naufragés, dont des femmes enceintes et des enfants en bas âge ?

Si oui, témoignez pour vos peuples. Rappelez à ceux qui vous veulent tant dans leurs musées que l'annulation totale et immédiate de la dette extérieure de l'Afrique est primordiale. Dites-leur surtout que la mondialisation néolibérale est facteur de paupérisation et de guerre, et que la mondialisation véritable exige de la France un changement de dessein et de perspective.

Puissent le souvenir des valeurs de partage et de solidarité que vous prôniez quand vous étiez parmi nous et le sens de la responsabilité que vous exigiez des « gens de devant » refaire surface et l'emporter sur l'injustice et le mépris. Puissent la lucidité, la maturité politique et le sens du devoir envers les plus démunis l'emporter sur l'appât du gain chez nos élites, qui se rendent souvent complices des crimes contre l'Afrique.

Annexe

La France en Côte d'Ivoire : quelques repères chronologiques

Fin du Ier millénaire

Peuplement du nord de la Côte d'Ivoire par les Sénoufos et les Koulangos.

Arrivée des Pygmées.

Xe siècle

Le commerce transsaharien prend place dans le nord de la Côte d'Ivoire.

XIIIe siècle

Migration et établissement des populations mandingues à la lisière de la forêt.

1826-1856

Nomination de Louis-Gustave Binger au poste de résident français aux Établissements de la Côte d'Ivoire.

Années 1880

1882 : introduction de la culture du café par les colons et naissance d'une classe de petits planteurs.

1887 : signature de traités, au nom de la France, entre Marcel Treich-Laplène, commis d'Arthur Verdier, et les Bettiés, les Agnis et les Abrons.

Années 1890

10 mars 1893 : création de la colonie de la Côte d'Ivoire. Louis-Gustave Binger en devient le gouverneur, Grand-Bassam en est la capitale.

1899 : à la suite d'une terrible épidémie de fièvre jaune, Bingerville devient la nouvelle capitale de la Côte d'Ivoire.

Années 1900

1902 : intégration de la Côte d'Ivoire à l'Afrique-Occidentale française.

1908 : élaboration du plan de pacification de la région par le gouverneur Angoulvant. Répression de la révolte des Baoulés et des Bétés jusqu'en 1915.

Années 1920

Début de l'agriculture d'exportation.

Naissance d'une « bourgeoisie terrienne » de planteurs qui s'affirme dans la lutte contre le travail forcé.

Années 1930

1930 : ponctions dans les réservoirs de main-d'œuvre.

1932 : soumission de la Côte d'Ivoire aux milieux d'affaires (SCOA, CFAO et Établissements Peyrissac).

Félix Houphouët-Boigny, un jeune médecin, prend la défense des planteurs de cacao contre l'accaparement des terres par les grands propriétaires coloniaux et contre la politique coloniale qui pénalise les planteurs locaux.

1934 : réunion de la Côte d'Ivoire et de la basse Haute-Volta en un territoire administratif jusqu'en 1947.

Années 1940

1945 : création du franc CFA.

1946 : suppression de l'indigénat ; loi Houphouët-Boigny contre le travail forcé ; fondation du Rassemblement démocratique africain (RDA).

Années 1950

Alliance avec les autorités coloniales.

La Côte d'Ivoire opte pour l'ouverture et l'agriculture d'exportation.

Les colonisateurs créent deux caisses de stabilisation pour garantir des prix fixes aux planteurs.

Conscientes de l'enjeu financier de l'économie de plantation, les autorités ivoiriennes sont réticentes à la création d'une fédération des anciennes colonies françaises.
1951 : Houphouët-Boigny adopte une stratégie de coopération avec le gouvernement français et participe à l'élaboration de réformes qui vont déboucher sur la décolonisation.
1956 : loi-cadre en France sur l'Union française et loi d'amnistie.
1957 : Houphouët-Boigny devient président du Conseil de l'Afrique-Occidentale française.
4 décembre 1958 : la Côte d'Ivoire devient une république au sein de la Communauté française et Houphouët-Boigny assure les fonctions de Premier ministre.
1959 : célébration de la Communauté.

Années 1960

7 août 1960 : indépendance de la Côte d'Ivoire.
Le gouvernement applique une politique agricole favorable aux migrants : « la terre à celui qui la met en valeur ».
Les étrangers arrivent en masse, défrichent et s'installent.
La Côte d'Ivoire amplifie le mouvement migratoire. La production cacaoyère passera de 100 000 tonnes en 1960 à 1 million de tonnes en 1990.
De 1962 à 1964 : une série de mesures permet la fusion des caisses du café et du cacao.

Élargissement des compétences de la Caisse de stabilisation, qui devient une société d'État, à l'organisation de la commercialisation intérieure et extérieure. Elle fixe chaque année en début de campagne un prix garanti aux paysans. La Caisse accorde des licences d'exportation à des maisons de commerce sélectionnées.

1968 : premiers crédits de la Banque mondiale.

La production augmente.

Les Baoulés sont appuyés par l'État.

Les étrangers africains ont le droit de vote (ce sera vrai jusqu'en 1994).

L'État instaure un contrôle strict de commercialisation à son profit.

Années 1970

De 1973 à 1978 : les cours mondiaux sont au plus haut. Les récoltent augmentent. La Côte d'Ivoire dépasse le Ghana, mais le prix au producteur n'augmente pas.

La Caisse de stabilisation engrange des recettes spectaculaires et contribue au Budget spécial d'investissement, qui passe de 37 milliards de francs CFA en 1973 à 247 milliards en 1977 (dont 172 milliards, soit 70,3 %, proviennent de la Caisse).

Le pays est de plus en plus dépendant du seul cacao : plus du tiers de ses exportations, et plus de 50 % si on y ajoute le café.

Les autorités ivoiriennes financent routes, écoles et équipements sociaux.

Les capitaux étrangers affluent.

L'État, auréolé par ces succès, emprunte sur les marchés internationaux et initie de grands projets onéreux (complexe sucrier, système de redistribution par les cadres). Les inégalités sont atténuées, ainsi que le clivage d'une classe de privilégiés du régime.

À partir de 1978 et à l'exception de quelques années de répit au milieu de la décennie 1980, les cours des matières agricoles chutent régulièrement. En 1989, le cours du cacao sera inférieur de 25 % à celui de 1978.

Années 1980

Forte progression des superficies cultivées et croissance encore plus rapide de la production, qui triple au cours de cette décennie : la quantité exportée est censée compenser la chute des prix. Mais la Côte d'Ivoire participe par la même occasion à la surproduction et à la baisse des cours.

L'État contracte de nouveaux emprunts, estimant que les difficultés sont « conjoncturelles ».

Une politique de prix élevés aux planteurs entraîne le déficit de la Caisse de stabilisation, qui, en plus de celui du cacao, enregistre l'effondrement des cours du café, du coton, etc.

Chute des recettes de l'État, alors qu'il doit rembourser les emprunts qu'il a contractés.

La dette extérieure s'alourdit, alors que les prix baissent. Le prix d'achat garanti aux producteurs est passé de 250 francs CFA en 1978-1979 à 400 francs CFA en 1985-1986.

Baisse des revenus des citadins. Ceux-ci ne peuvent plus investir dans la scolarisation.

1980 : les Burkinabés peuvent accéder à la terre.

1981 : signature du premier PAS avec le FMI et la Banque mondiale.

1987 : Félix Houphouët-Boigny décide l'embargo sur les exportations de cacao.

1988-1989 : la « guerre du cacao » désorganise les circuits commerciaux et la crise s'accentue en milieu rural. Les planteurs ne sont souvent pas payés par les traitants, qui leur donnent en échange des bons qu'ils n'honoreront pas.

Les banques qui préfinancent les achats ne sont pas remboursées.

Très endettée, la Côte d'Ivoire doit accepter les conditions du FMI et de la Banque mondiale.

Le gouvernement abandonne les planteurs et accepte en 1989 la diminution de 50 % des prix garantis. Les commerçants paient les paysans au-dessus des cours officiels.

Années 1990

1990 : début des privatisations, qui, en 1999, porteront sur 50 entreprises, notamment agro-industrielles et agro-alimentaires.

L'État cède progressivement : en 1991, la Caistab n'intervient plus dans la campagne agricole ; les paysans sont représentés dans son conseil d'administration ; le système des quotas est supprimé ; la dévaluation surviendra juste après la mort de Félix Houphouët-Boigny, en décembre 1993.

Félix Houphouët-Boigny doit accepter le multipartisme. La Côte d'Ivoire doit accepter les réformes économiques. Pour les mener à bien, Félix Houphouët-Boigny fait appel à Alassane Dramane Ouattara.

Entre 1991 et 1993, les prix payés aux producteurs passent dans certains villages sous la barre des 100 francs le kilo pour le café non décortiqué. La chute des revenus des paysans avoisine 60 % en 1992.

Le FMI et la Banque mondiale assujettissent leur aide à la libéralisation des filières café et cacao et au désengagement de l'État de la commercialisation des produits d'exportation.

Amélioration du pouvoir d'achat des fonctionnaires, mais diminution des effectifs de la fonction publique de 11 % entre 1993 et 1999.

Diminution du déficit budgétaire : de 11,9 % du PIB en 1993, il passera à 6,5 % en 1997 et à 1,8 % en 1998.

23 décembre 1993 : décès de Félix Houphouët-Boigny. Henri Konan-Bédié, président de l'Assemblée nationale, dauphin constitutionnel, devient président de la République.

1994 : dévaluation du franc CFA.

Augmentation des recettes publiques du fait de l'élévation des taxes directes et indirectes sur les filières agricoles. Embellie, optimisme, concorde.

Élévation des prix des matières premières.

1995 : la Côte d'Ivoire cède aux pressions des institutions de Bretton Woods.

La convention sur le Casa (Crédit à l'ajustement structurel agricole), définissant un apport d'un milliard de francs CFA, prévoit la libéralisation totale de la filière café-cacao et le retrait de la Caistab de la commercialisation. Les excédents de la Caisse atteignent 84 milliards de francs CFA en 1997 et 131,6 milliards en 1998.

1997 : baisse des prix des matières premières.

Les autorités politiques qui avaient fait l'économie d'une réforme en profondeur du système fiscal doivent s'y résoudre.

1998 : contraction de l'assiette fiscale, mais aussi corruption, évasion et fraudes massives.

Du début de 1998 à la fin de 1999 : baisse des cours des matières premières (celui du cacao perd près de 50 %).

1999 : baisse de l'aide publique au développement (inférieure de 1995 à 1999 aux remboursements sur la dette extérieure).

Révélation du détournement de 18 milliards de francs CFA sur l'aide de l'Union européenne destinée à la santé et à la décentralisation.

Les dépenses de santé publique dans le total des dépenses primaires passent de 7,2 % en 1993 à 5,1 % en 1999 ; celles concernant l'éducation, de 32,8 % à 25 %.

Dégradation des relations avec le FMI.

Suspension de l'accord approuvé en 1998 au titre de la facilité d'ajustement structurel.

Devant la lenteur des réformes, les institutions de Bretton Woods arrêtent leur aide au début de 1999.

Janvier 1999 : la Caistab est dissoute.

Les paysans n'enregistrent pas de hausse de leurs revenus. Ils sont livrés aux commerçants, qui ne répercutent pas l'élévation des prix.

Suspension de l'aide internationale, dont l'effet sur l'investissement public est de l'ordre de deux points du PIB.

Difficultés de trésorerie ; émission de titres sur le marché de l'Union économique et monétaire ouest-africaine (UEMOA).

Novembre 1999 : défaut de paiement sur la dette extérieure.

Privée des ressources qu'elle tire du cacao, la Côte d'Ivoire l'est également des apports extérieurs. Sur 191 milliards de francs CFA de financement extérieur escomptés en 1999, l'État n'en a reçu que 6,1 en décembre 1999 (soit 3,2 %).

Contraintes budgétaires.

Forte diminution de la masse salariale.

Années 2000

22 octobre 2000 : Laurent Gbagbo est élu président de la République de Côte d'Ivoire. Robert Gueï est évincé.

10 décembre 2000 : le Front populaire ivoirien de Gbagbo remporte les législatives.

2002 : renforcement du dispositif militaire français.

5 août 2002 : le Rassemblement démocratique des républicains participe à un gouvernement d'union nationale.

19 septembre 2002 : début du soulèvement militaire. Assassinat du ministre de l'Intérieur et du général Gueï.

26 septembre 2002 : l'armée française évacue les ressortissants étrangers à Bouaké.

17 octobre 2002 : les rebelles du MPCI (Mouvement patriotique de Côte d'Ivoire) signent un accord de cessez-le-feu.

28 novembre 2002 : apparition de deux groupes rebelles, le Mpigo (Mouvement populaire ivoirien du Grand Ouest) et le MJP (Mouvement pour la justice et la paix), à l'ouest.

3-4 janvier 2003 : visite de Dominique de Villepin à Abidjan et à Bouaké.

15 janvier 2003 : ouverture de négociations, à l'initiative de la France, à Marcoussis (Essonne). Réunis à huis clos, 32 participants représentent les rebelles et les partis politiques.

24 janvier 2003 : annonce de la signature d'un accord à Marcoussis. Laurent Gbagbo reste président jusqu'à la fin de son mandat et un gouvernement ouvert à toutes les parties doit être mis en place.

Notes bibliographiques

AMIN, Samir, *Le Développement du capitalisme en Côte d'Ivoire*, Paris, Minuit, 1967.

— et HOUTART, François (éd.), *Mondialisation des résistances : l'état des luttes 2002*, Paris, L'Harmattan, 2002.

BANDAMA, Maurice, *Côte-d'Ivoire : chronique d'une guerre annoncée*, publié avec le concours du quotidien *24 Heures*, Abidjan, mars 2004.

BAYART, Jean-François, *Le Gouvernement du monde : une critique politique de la mondialisation*, Paris, Fayard, 2004.

BESSIS, Sophie, *L'Occident et les autres : histoire d'une suprématie*, Paris, La Découverte, 2001.

CONTAMIN, B., et MEMEL-FOTÉ, H. (éd.), *Le Modèle ivoirien en questions : crises, ajustements, recompositions*, Paris, Orstom-Karthala, 1997.

DOZON, Jean-Pierre, *Frères et sujets : la France et l'Afrique en perspective*, Paris, Flammarion, 2003.

ENGELHARD, Philippe, *La Violence de l'histoire*, Paris, Arléa, 2001.

GOURÉVITCH, Jean-Paul, *La France en Afrique, cinq siècles de présence : vérités et mensonges*, Paris, Le Pré-aux-Clercs, 2004.

KAMIAN, Bakari, *Des tranchées de Verdun à l'église Saint-Bernard : 80 000 combattants maliens au secours de la France (1914-18 et 1939-45)*, Paris, Karthala, 2001.

LATOUCHE, Serge, *La Déraison de la raison économique : du délire d'efficacité au principe de précaution*, Paris, Albin Michel, 2001.

MICHAÏLOF, Serge (éd.), *La France et l'Afrique : vade-mecum pour un nouveau voyage*, Paris, Karthala, 1993.

MITTERRAND, François, *Présence africaine et abandon*, Paris, Plon, 1957.

MOURALIS, Bernard, *L'Europe, l'Afrique et la folie*, Paris, Présence africaine, 1993.

NGOUPANDÉ, Jean-Paul, *L'Afrique sans la France : histoire d'un divorce consommé*, Paris, Albin Michel, 2002.

ORSENNA, Erik, *Madame Bâ*, Paris, Fayard-Stock, 2003.

ROCARD, Michel, *Pour une autre Afrique*, Paris, Flammarion, 2001.

SMITH, Stephen, *Négrologie : pourquoi l'Afrique meurt*, Paris, Calmann-Lévy, 2003.

STIGLITZ, Joseph E., *Quand le capitalisme perd la tête*, Paris, Fayard, 2003.

TERRAY, Emmanuel (éd.), *L'État contemporain en Afrique*, Paris, L'Harmattan, 1987.

TOUSSAINT, Éric, *La Finance contre les peuples : la bourse ou la vie*, Paris/Bruxelles/Genève, Syllepse/CADTM/Cetim, 2004.

— et ZACHARIE, Arnaud, *Sortir de l'impasse : dette et ajustement*, Paris/Bruxelles, Syllepse/CADTM, 2002.

VERSCHAVE, François-Xavier, *La Françafrique : le plus long scandale de la République*, Paris, Stock, 1998.

WOLTON, Dominique, *L'Autre Mondialisation*, Paris, Flammarion, 2003.

ZIEGLER, Jean, *Les Nouveaux Maîtres du monde et ceux qui leur résistent*, Paris, Fayard, 2002.

Table des matières

Cet ouvrage a été composé par :
PARIS PHOTOCOMPOSITION
75017 Paris

Achevé d'imprimer en mars 2005
par **Bussière**
à Saint-Amand-Montrond (Cher)
pour le compte de la librairie Arthème Fayard
75, rue des Saints-Pères - 75006 Paris

Achevé d'imprimer en mars 2005
par Bussière
à Saint-Amand-Montrond (Cher)
pour le compte de la Librairie Arthème Fayard
75, rue des Saints-Pères, 75006 Paris

35-57-2670-4/01

ISBN 2-213-62470-4

Dépôt légal : mars 2005.
N° d'édition : 58546. – N° d'impression : 051270/1.

Imprimé en France